Barry Jonsberg
Was so in mir steckt

BARRY JONSBERG

WAS SO IN MIR STECKT

Aus dem Englischen
von Ulla Höfker

Bei diesem Buch wurden die durch das verwendete Material und die Produktion entstandenen CO2-Emissionen ausgeglichen, indem der cbj Verlag ein Projekt zur Aufforstung in Brasilien unterstützt. Weitere Informationen zu dem Projekt unter: www.ClimatePartner.com/14044-1912-1001

Penguin Random House Verlagsgruppe
FSC® N001967

**Für
Stephanie Spillett
Lucy Gunner
Ira Racines**

1. Auflage 2021
Erstmals als cbt Taschenbuch November 2021
© 2018 by Barry Jonsberg
Die Originalausgabe erschien 2018 unter dem Titel
»A Song Only I Can Hear« bei Allen & Unwin, AUS
© 2018 für die deutschsprachige Ausgabe
cbj Kinder- und Jugendbuch Verlag
in der Penguin Random House Verlagsgruppe GmbH,
Neumarkter Str. 28, 81673 München
Alle deutschsprachigen Rechte vorbehalten
Aus dem Englischen von Ursula Höfker
Umschlaggestaltung: Suse Kopp, Hamburg
Umschlagmotive © Trevillion Images (Giovan Battista D'Achille);
iStockphoto (Masopasi, K_Thalhofer); Gettyimages
(Ada Summer, H. Armstrong Roberts/ClassicStock)
FK · Herstellung: LW
Satz: KompetenzCenter, Mönchengladbach
Druck: GGP Media GmbH, Pößneck
ISBN 978-3-570-31420-3
Printed in Germany

www.cbj-verlag.de

Du liebst einen Menschen nicht wegen seines Aussehens, seiner Kleidung oder seines tollen Wagens, sondern weil er ein Lied singt, das nur du hören kannst.

Oscar Wilde

PROLOG

»Mum«, begann ich, »weiten sich deine Pupillen, wenn du Dad anschaust? Strömt dein Blut in deine Epidermis und spürst du ein Flattern in der Magengrube?«

Das Frühstück ist die beste Zeit für eine ernsthafte Unterhaltung. Ein neuer Tag beginnt, aber noch herrscht die Ruhe vor dem sprichwörtlichen Sturm des Tages.

Mum schaute Dad an.

Beschreibende Zwischenbemerkung: Vater. Name: Alan Patrick Fitzgerald. Alter: ... Wer weiß so was schon? Alt. Nicht wirklich alt wie Großvater, der fast nur noch eine Ansammlung von Runzeln in einem Nest von Grautönen ist, aber durchschnittlich alt. Könnte fünfund...vierzig sein. Könnte auch achtund...fünfzig sein. Ein Alter, in dem du – so stelle ich es mir vor – aufgehört hast, dir Gedanken über dein Alter zu machen. Oder dich womöglich nicht mehr er-innerst. Dad ist, zumindest wenn er am Küchentisch sitzt, eine Kugel auf einer Kugel, ähnlich einem Schneemann, nur

7

aus Fleisch und Blut. Er hat eine Glatze und mehr Kinn als gemeinhin üblich. Manchmal drängt es mich, meine Finger in seine Nasenlöcher zu stecken, so sehr ähnelt sein Kopf einer Bowlingkugel. Ich habe dem Drang aus offensichtlichen Gründen bis jetzt nicht nachgegeben. Alan Patrick Fitzgerald hat außerdem einen Bauch wie ein Segel bei starkem Wind. Der Stoff seines weißen Hemdes spannt sich so darüber, dass er zwischen den Knöpfen auseinanderklafft. Aus den Lücken lugt gelocktes dunkles Haar hervor, als hätte er sich entweder einen dunklen Teppich oder einen toten Affen unters Hemd gesteckt. Vielleicht sind die Haare von seinem Kopf auch gen Süden abgewandert.

Mum schaute Dad an. Dad schaute in den Sportteil unserer Lokalzeitung. Er war vertieft in die US Open Golf und hatte gar nicht mitbekommen, was ich gesagt hatte. Mum blickte wieder mich an.

»Beim Flattern in der Magengrube muss ich passen«, antwortete sie, »aber manchmal schafft er es, dass sich mir der Magen *umdreht*.«

Ich runzelte missbilligend die Stirn und neigte leicht den Kopf. Mum strich Butter auf ihren Toast.

»Warum fragst du, Rob?«, wollte sie wissen.

»Ich studiere seit einiger Zeit die Liebe«, antwortete ich. »Sie ist mir ein Rätsel, und ich hatte gehofft, du und Dad könntet etwas Licht ins Dunkel bringen, da ihr schon so viele Jahre zusammen seid. Zeigen sich bei euch immer noch alle diese äußeren Zeichen der Liebe?«

Mum biss von ihrem Toast ab und überdachte die Frage.

»Tatsache ist«, meinte sie schließlich, »dass kein Mensch sich das erste aufregende Aufwallen der Liebe bewahren kann. So viel Ausdauer hat niemand.«

Ich dachte darüber nach. Würde Mum mit geweiteten Pupillen und flatterndem Magen ständig erröten, wäre es schwierig, den normalen Tagesablauf zu bewältigen. Sie würde zum Beispiel in alles Mögliche hineinlaufen und wäre permanent orange wie Donald Trump.

»Dann verkümmert die Liebe also. Willst du das damit sagen?«

»Nein. ›Verkümmern‹ ist nicht das richtige Wort. Sie verändert sich.« Mum betrachtete den Küchentisch, als könnte sie sich von ihm Inspiration holen. Vielleicht wollte sie aber auch nur meinem Blick ausweichen. Nach dem, was ich zum Thema gelesen hatte, gibt es Menschen, die Gespräche über die Liebe peinlich finden, wenn nicht gar geschmacklos. Dann schaute sie mir doch in die Augen, als hätte sie einen Entschluss gefasst. »Du bist wahrscheinlich alt genug, um über solche Dinge zu reden«, sagte sie. »Und vielleicht ist es an der Zeit, dass wir es tun. Die Sache ist nur die: All die Dinge, die du beschreibst – das Erröten, die geweiteten Pupillen, die Schmetterlinge im Bauch –, also, sie haben mehr mit *körperlicher* Liebe zu tun, mit Begehren. Verstehst du, was ich meine?«

Ich schaute Dad an und versuchte mir vorzustellen, dass jemand ihn körperlich anziehend fand. Es gelang mir nicht, aber das hieß ja nicht, dass es nicht möglich war.

»Klar«, antwortete ich.

»Wahre Liebe ist mehr als das«, fuhr sie fort. »Sie hat etwas mit Vertrauen und Zuneigung zu tun und mit dem Wissen, was der Partner denkt, ohne dass er es einem sagen müsste. Sie hat mit den ganz gewöhnlichen Dingen des täglichen Lebens zu tun, die man mit einem besonderen Menschen teilt. Mit dem gemeinsamen Geschirrspülen, dem Bezahlen von Rechnungen, fernsehen, lachen. Lachen ist etwas ganz Entscheidendes. Liebe hat oft nichts Glamouröses. Man findet sie im Alltäglichen. Ergibt das einen Sinn?«

Ich nickte. Eltern gehen oft davon aus, dass ihre Kinder doof sind.

»Es ist ein komplexes Gefühl«, fasste ich zusammen.

»Wie wahr.« Mum begann Teller zusammenzustellen. »Und weshalb hast du angefangen, ausgerechnet dieses Thema zu ›studieren‹?« Ich hörte die Anführungszeichen.

»Ich glaube, ich habe mich verliebt.«

Mums Unterkiefer klappte herunter.

»Aber du bist erst dreizehn.«

»Gibt es eine Altersgrenze dafür?«, fragte ich. »Kann mich jemand davon abhalten, wie wenn ich versuchen würde, mir einen Horrorfilm im Kino anzuschauen?«

Dad faltete die Zeitung zusammen und kehrte ins Reich der Lebenden zurück.

Ich wandte mich an ihn. »Dad, die größte, wunderbarste Liebe deines Lebens?«

Er zögerte keine Sekunde.

»Golf.«

1 Da ich in der Schule im Leistungskurs Englisch bin, nahm ich vor einigen Monaten an einem Literaturfestival bei uns am Ort teil. Veranstaltet wurde es von einer bekannten Autorin, die für Kinder und junge Erwachsene schreibt. Ich bekam ein signiertes Exemplar ihres Romans und lernte auch etwas über die Technik des Bücherschreibens (zum Beispiel dieses hier). Sie legte ziemlich großen Wert auf die richtige Erzählperspektive. Ich habe lang und intensiv darüber nachgedacht.

Hi! Ich heiße Rob C. Fitzgerald (frag mich nicht, wofür das C steht – ich verrate es dir nicht, weil es hässlich und peinlich ist), und ich bin dreizehn Jahre alt.

Dann fiel mir wieder ein, was die Autorin über den Ton gesagt hatte. Ich betrachtete das Wort *Hi!*. Plötzlich fand ich es viel zu umgangssprachlich und informell. Ich drückte auf die Löschen-Taste.

Ich heiße Rob C. Fitzgerald (frag mich nicht, wofür das C

steht – ich verrate es dir nicht, weil es hässlich und peinlich ist), und ich bin dreizehn Jahre alt.

Ich stützte den Kopf in die Hände. Denk nach. Sei kritisch. Sind die Klammern und die Worte darin nötig? Wenn ich nicht bereit bin zu verraten, wofür das C steht (und ich werde es garantiert nicht verraten, glaub mir), warum es dann erwähnen? Ein Tipp der Schriftstellerin fiel mir wieder ein: *Die Löschen-Taste ist euer bester Freund.*

Ich heiße Rob Fitzgerald und ich bin dreizehn Jahre alt.

Pfui. Hässlich. Es geht noch einfacher.

Ich bin Rob Fitzgerald und ich bin dreizehn Jahre alt.

Zweimal »ich bin« im selben Satz. Ein Kardinalfehler.

Ich bin Rob und dreizehn.

Perfekt. Falls ich tatsächlich *unbedingt* langweilig sein will.

Pass auf, vielleicht ist es das Beste, wenn wir so tun, als gäbe es dieses erste Kapitel gar nicht. Wenn ich mich als Schriftsteller nicht steigere, darfst du bei mir vorbeikommen, mich auf einen Stuhl binden und eine Lötlampe an meine Zehen halten. Was entschieden besser ist, als dein Geld zurückzubekommen, wenn du nicht voll und ganz zufrieden bist. Zumindest für dich.

2

Daniel Smith wartete am Schultor auf mich.

Daniel Smith wartet *immer* am Schultor auf mich, jeden Morgen. Manchmal wartet er auch nach Schulschluss auf mich. Das kommt darauf an.

Beschreibende Zwischenbemerkung: Daniel Smith. Alter: vierzehn (so um den Dreh – wir schreiben uns keine Geburtstagskarten). Dick, aber nicht wie ein guter Fleischeintopf. Stämmig und muskulös mit rotem Haar, das nach allen Richtungen absteht. Was dazu führt, dass sein Gesicht der Zeichnung eines Dreijährigen von einer aufgehenden Sonne ähnelt. Daniel ist klein, weiß das und versucht, es dadurch zu kompensieren, dass er andere tyrannisiert, vor allem mich. Er hat Sommersprossen und eine Art dazustehen, die Hände zu Fäusten geballt und die Arme wie Klammern rechts und links an seinem Körper, die den Eindruck erweckt, als sei er kurz davor, in die Hose zu machen. Er hat die Angewohnheit, sein Kinn vorzurecken, als sei es eine Waffe.

»Hey, Fitzgerald«, knurrte er, sein geladenes Kinn nur Zentimeter von meinem entfernt, »trittste gegen mich an, hm? Was sagste dazu? Hat's dir die Sprache verschlagen? Trittste gegen mich an, hm?«

Daniel ist ein Fan von Wiederholungen. Und von der Redewendung »hat es dir die Sprache verschlagen?« Das ist eine seiner Lieblingssticheleien, weil ich in der Schule kaum den Mund aufmache, wenn es nicht unbedingt sein muss. Die meiste Zeit bin ich still. Das ärgert Daniel und meine Schüchternheit macht alles nur noch schlimmer.

Ich versuchte, mich an ihm vorbeizuquetschen. Wenn ich es auf den Schulhof schaffte, würde ein Aufsichtslehrer auf uns aufmerksam werden. Leider wusste Daniel das auch und versperrte mir den Weg.

»Komm schon, Fitzgerald, sei ein Mann, ja? Steh deinen Mann.« Er lachte mir ins Gesicht, was entsetzlich war, da sein Atem direkt aus einem Pavianhintern kam. Zu gern verlangt er auch, ich solle ein Mann sein. Daniel hält das offenbar für saukomisch, der Beweis, dass ihm für den IQ einer anständigen Pizza noch ein paar Zutaten fehlen.

»Ich sag dir was. Du kannst den ersten Schlag haben. Komm schon. Fairer geht's nicht. Los. Schlag zu.«

Ich bemühte mich, nicht von der Stelle zu weichen, trotz seines schlechten Atems. Diese Konfrontation spielte sich nun schon seit Monaten so ab. Folgendes *wollte* ich sagen: »Ich werde nie gegen dich antreten, Daniel, da die gesamte Menschheitsgeschichte uns lehrt, dass kämpfen keine Probleme löst.« Aber ich hielt den Kopf weiter gesenkt.

»Hat's dir die Sprache verschlagen?« Daniels Stimme triefte vor Verachtung. »Sag was, wenn du nicht willst, dass ich dir hier und jetzt den Schädel einschlage. Egal was, los, sag was. Sei ein Mann. Nur ein Wort.« Er knuffte mich in die Schulter. »Oder kannst du nicht reden?«

»Nein«, murmelte ich.

»Ha! Loser!«, gluckste er. »Du hast gesagt, du kannst es nicht, aber du hast ein Wort benutzt, um zu sagen, dass du es nicht kannst. Ha!«

»Gibt's Probleme, Jungs?« Es war Miss Pritchett, die ein Näschen für potenzielle Schlägereien hat, eine Art sechsten Sinn. Sie war genau im richtigen Moment vor dem Schultor aufgetaucht, was selbst für einen auf Schlägereien abgerichteten Profisuchhund beeindruckend ist.

»Nein, Miss«, sagte Daniel.

»Nein, Miss«, sagte ich.

»Na, super«, sagte sie. »Dann kommt bitte rein und schlendert ziellos herum, bis es läutet. Das macht man als Schüler so.«

Wir gingen hinein und schlenderten ziellos herum, bis es läutete. Doch Daniel schaute immer wieder in meine Richtung. Seine Hände waren zu Fäusten geballt, die Arme angewinkelt und seine Augen zusammengekniffen. Er glich einem Jungen, der aussah, als müsste er dringend zur Toilette.

3 Großvater wartete nach der Schule auf mich, was Daniel nicht nur einen Knüppel zwischen die Beine warf, sondern ein ganzes Schlagstocksortiment.

Beschreibende Zwischenbemerkung: Großvater väterlicherseits. Name: Patrick »Pop« Fitzgerald. Alter: … uralt. Hat mal selbst von sich gesagt, er sei »älter als Adam und Eva«. Wenn man nicht lockerlässt, gibt er zu, so alt wie seine Zunge zu sein und etwas älter als seine Zähne. Er ist eine Ansammlung von Runzeln in einem Nest von Grautönen. War früher beim Militär und diente in einem Krieg irgendwo in Übersee, redet aber nie darüber. Hat eine höckerige Narbe am rechten Arm, die ein Andenken an den Krieg sein könnte, doch er redet nie darüber. Lebt allein in einem Dreizimmerapartment in einer Einrichtung für Betreutes Wohnen. Nennt die Einrichtung »einen Ort, an dem ein Haufen alter Fürze herumhängen und aufs Sterben warten«. Oder gelegentlich »Gottes Wartezimmer«. War mit meiner Groß-

mutter verheiratet (ja, ja), aber sie muss schon lang tot sein, denn er redet nie über sie. Mum und Dad übrigens auch nicht. Großvater drückt sich oft ordinär aus und mag kaum jemanden. Mich mag er.

»Hallo, Pop«, begrüßte ich ihn. Er stützte sich auf seinen Stock und sog an seinen Zähnen, was er fast ununterbrochen tut. Dabei entsteht oft ein hoher Pfeifton wie bei dem alten Wasserkessel, den er in seinem Apartment auf den Gasherd stellt. Es klingt gespenstisch.

»Hallo, Junge. Würdest du deinen alten Großvater vielleicht gern in ein Fast-Food-Restaurant begleiten und dort eine Kleinigkeit essen?«

»Ja, bitte.«

»Pech«, erwiderte er. »Ich war noch nie in einem und fang jetzt nicht damit an. Verknorkte Spelunken, wo sie dir verknorkte Schlachtabfälle vorsetzen.« (Du solltest vielleicht wissen, dass er nicht wirklich Ausdrücke wie »verknorkt« benutzt – lass deine Fantasie spielen.)

»Schlachtabfälle?«

»Schlachtabfälle. Därme, Hirne, Arschlöcher. Die tunken sie in Teig, frittieren und servieren sie. Verknorkt kriminell ist das.«

»Frittierte Arschlöcher?«

»Genau.«

»Warum wolltest du mich dann dorthin einladen?«

»Weil ich verknorkt noch mal freundlich und übertrieben großzügig bin, deshalb.«

»Und wo sollen wir jetzt stattdessen etwas essen?«

»Nirgends. Ich hab schließlich keinen verknorkten Geldscheißer.«

Es dauert eine Weile, bis man sich an Großvater gewöhnt hat. Bei mir sind es jetzt dreizehn Jahre, und ich arbeite immer noch daran.

Schließlich schlenderten wir zu seinem Apartment zurück, er kochte Wasser im Pfeifkessel und machte mir eine Tasse Tee. Dann fuhrwerkte er in einem Schrank herum und saugte an seinen Zähnen, weshalb ich das Pfeifen stereo hörte.

»Pop«, sagte ich, »ich bin verliebt.«

Das Herumfuhrwerken hörte auf. Das Pfeifen auch. Er drehte sich zu mir um.

»In wen?«

»Ein Mädchen.«

Er schlug sich mit der flachen Hand an die Stirn.

»Also, ich hab jetzt nicht angenommen, dass du in einen *Jungen* verliebt bist, du verknorkter Hohlkopf. Wie heißt sie?«

»Destry.«

»Wie bitte?«

»Destry. Destry Camberwick.«

»Das ist kein Name. Das ist eine Rockband aus den Achtzigern.«

»Sie ist perfekt.«

»Ihr Name ist es jedenfalls nicht.«

Ich seufzte, wahrscheinlich ziemlich übertrieben. Großvater tat es mir nach.

»Los, Junge, ich mach die verknorkte Dose mit Keksen auf, du kannst sie in deinen Tee tunken und mir dabei die ganzen schlüpfrigen Einzelheiten erzählen.«

4 Als ich Destry Camberwick das erste Mal sah, brütete ich über einer schwierigen Matheaufgabe. Leider sind für mich alle Matheaufgaben schwierig. Frag mich, wie viel sechs mal zwei ist, und ich muss Schuhe und Socken ausziehen. Wahrscheinlich lugte meine Zungenspitze aus dem Mundwinkel. Die Tür zum Klassenzimmer wurde geöffnet, aber ich schaute nicht auf. Dann zwang mich die Stimme der Rektorin, doch den Kopf zu heben.

»Guten Morgen, Kinder«, bellte sie.

»Guten Morgen, Miss Cunningham«, erwiderten wir im Chor in einem entsetzlichen Singsangton. Ich sage »wir«, aber ich kam nur bis zur ersten Silbe des zweiten Wortes, bevor meine Zunge sich an den Gaumen klammerte, der so trocken wurde wie die Achselhöhle eines Kamels. Denn Miss Cunningham war nicht allein. Sie hatte einen Engel mitgebracht.

Beschreibende Zwischenbemerkung: Destry Camberwick.

Alter: dreizehn (ungefähr). Größe: perfekt. Haut: perfekt. Augen: zwei, beide perfekt. Nase: eine, zwischen den perfekten Augen; ebenfalls perfekt. Haare: glänzend, perfekt und bis auf die Schultern, die perfekt sind. Ohren: Verborgen unter perfektem Haar, aber mit ziemlicher Sicherheit perfekt und mit ziemlicher Sicherheit insgesamt zwei. Stimme: ... bis jetzt noch keine Ahnung, aber wahrscheinlich gibt es nichts daran auszusetzen.

»Bitte heißt eine neue Schülerin an unserer Schule und in eurer Klasse willkommen«, bellte Miss Cunningham. Unsere Rektorin kann nur brüllen; zu etwas anderem ist sie nicht fähig, was die Morgenversammlung zu einer ziemlich furchteinflößenden Sache macht und bekanntermaßen dazu geführt hat, dass ein paar kleine und besonders sensible Schüler sich eingenässt haben. Sie wechselt ab zwischen Gebrüll und Gebell. Heute war Gebell an der Reihe. »Das ist Destry Camberwick, und sie ist von Western Australia hierhergezogen. Ich weiß, ihr alle werdet ihr das Eingewöhnen leicht machen ...«

Sie bellte noch andere Dinge, die ich jedoch nicht verstand, da in meinem Hinterkopf ein himmlischer Chor angefangen hatte zu singen. Erst nachdem Miss Cunningham gegangen war, wurde mir bewusst, dass Destry sich irgendwo hinsetzen musste, und es gab nur zwei Möglichkeiten: Neben Damian Pilling, der ein Körpergeruchsproblem hat, oder neben mich. Aus meiner Sicht war die Antwort sonnenklar, doch bei der Vorstellung, dass sie sich neben mich setzte, gluckerte es in meinem Bauch, und mir wurde mulmig. Was sollte ich tun, wenn sie »Hi« sagte? Wahrscheinlich würde ich mit meinem Kinn den Tisch zertrümmern und auf den Boden rutschen, wenn meine Knochen sich in Wackelpudding verwandelten. Man würde mich in einem Eimer nach Hause tragen müssen.

Unsere Lehrerin, Mrs Singh, wies ihr den Platz neben Damian zu, sodass meine Knochen nicht schmolzen. Wahrscheinlich war ihr klar, dass Damian zwar streng roch, aber wenigstens in der Lage war, eine Unterhaltung in Gang zu bringen. Ich war nicht enttäuscht. Es gab mir die Chance, Destry für den Rest der Stunde anzuschauen, was nicht möglich gewesen wäre, wenn sie neben mir gesessen hätte. Zumindest nicht, ohne komplett krank zu erscheinen.

Ich liebte die Art und Weise, wie sie die Nase rümpfte, als eine Duftwolke aus der Pilling'schen Achselhöhle sie traf.

5

»Weiß sie von deinen Gefühlen?«, fragte mein Großvater.

»Das ist jetzt nicht dein Ernst, Pop. Du weißt, dass ich es vermeide zu reden. Und selbst wenn ich mich dazu durchringen könnte, was tu ich dann? Zu ihr gehen und sagen ›Ich liebe dich, Destry‹? Sie würde mich für einen kompletten Loser halten.«

»Du bist verknorkt noch mal feige«, meinte Pop.

»Bin ich nicht.« Dann dachte ich darüber nach. »Bin ich doch. Und ein kompletter Loser dazu.«

»Und was glaubst du, wird passieren? Was erhoffst du dir?«

»Na ja, die ideale Situation sieht so aus: Destry kommt zu mir, zum Beispiel in der Pause, und sagt: ›Hi. Du bist Rob und wahrscheinlich der tollste Junge, dem ich je begegnet bin. Ich weiß, dass ich deiner nicht wert bin, aber ich muss dir einfach sagen, dass ich mich Hals über Kopf in dich verliebt habe. Weise mich ab, wenn es sein muss, aber ich musste es dir sagen.‹ Und ich würde ihr dieses echt coole Lächeln schenken, so als passierte mir das ständig. Dann würde ich einfach davongehen, ihr aber noch einen Blick über die Schulter zuwerfen, ihr vielleicht zuzwinkern, um sie wissen zu lassen, dass sie eine Chance hat ...«

Großvater tunkte einen Keks in seinen Tee und wies dann damit auf mich. Das Ende brach ab und landete mit einem dumpfen Plopp auf dem Wohnzimmertisch.

»Feige *und* ein Idiot.«

»Brutal, aber wahr«, gab ich zu.

»Könnten wir nur für einen Moment in der realen Welt bleiben, Junge? Weiß sie überhaupt, dass es dich gibt? Hast du zum Beispiel schon mit ihr geredet?«

»Großvater, du *weißt* doch, wie entsetzlich schüchtern ich bin.«

»Dann hast du noch nicht mit ihr geredet?«

»Nein.«

»Hat sie dich schon einmal angeschaut?«

»Ich bin gestern gegen einen Basketballpfosten gelaufen, weil ich nur Augen für sie hatte und ihn nicht gesehen habe. Es hat laut gescheppert, ich saß auf dem Boden und Blut lief mir in die Augen.«

»Das hat sie gesehen?«

»Wahrscheinlich. Hundertprozentig sicher bin ich nicht, weil mir Blut in die Augen lief.«

Großvater tunkte den nächsten Keks ein und mümmelte daran, während er nachdachte. Mir kam zum ersten Mal der Gedanke, dass wir Menschen unsere Tage genauso beenden, wie wir sie anfangen. Wir mümmeln Brei, weil unsere Zähne für nichts anderes mehr taugen. Pop kniff ein Auge zu und wies mit seinem Keks auf mich. Auch von diesem brach das Ende ab und es gab ein dumpfes Plopp.

»Du wirst einen nachhaltigeren Eindruck auf sie machen müssen«, meinte er. »Ganz ehrlich: Jede Art von Eindruck wäre mal ein Anfang. Sport.«

»Sport?«

»Beeindrucke sie mit deinen sportlichen Fähigkeiten.«

»Ich habe keine.«

Großvater ignorierte mich. »Steht irgendein schulisches Ereignis an? Ein Sportfest, irgendwas in der Richtung, wo du die verknorkten hundert Meter in Bestzeit laufen und Ruhmeswolken hinter dir herziehen könntest?«

Es stand nur ein einziges Sportereignis an. Als ich Pop davon erzählte, nickte er.

»Perfekt. Und ich weiß auch schon, in welcher Position du spielen wirst. Sie kann dich nicht *nicht* bemerken, was schon mal ein Anfang ist. Mach deine Sache gut und die Schuppen werden ihr von den Augen fallen. Selbst wenn du deine Sache nicht so gut machst, aber Mut beweist, wird es funktionieren. Du wirst ihr wie ein Gott vorkommen, Rob, wie ein Gott.«

»Du bist verrückt, Großvater«, sagte ich. »Ich werde auf gar keinen Fall mitspielen.«

»Doch, du wirst.«

»Niemals.«

»Ich freue mich, dass wir einer Meinung sind. Jetzt, da wir einen Aktionsplan haben, können wir in den Gemeinschaftsraum gehen, und du kannst mir sagen, wer von den Insassen deiner Ansicht nach als Nächster stirbt. Ich kann es mir schon denken, aber deine Meinung interessiert mich.«

»Großvater!«, protestierte ich, »das ist ja krank.«

»Du hast recht. Es ist komplett krank, dass so etwas hier als Zeitvertreib durchgeht. Es ist so verknorkt langweilig hier, dass ich verknorkt noch mal hoffe, dass ich der Nächste bin, der ins Gras beißt.«

»Großvater!«, rief ich noch einmal. Er versuchte mich zu schockieren und ich versuchte nicht zu grinsen.

Aber es fiel schwer.

 An diesem Abend redete ich mit Mum und Dad über Großvaters Plan.

Ich hatte auf dem Nachhauseweg darüber nachgedacht, und obwohl ich ihn immer noch für bescheuert hielt, schien er mir nicht mehr *ganz* so bescheuert wie zu Anfang. Du musst wissen, dass ich es absolut hasse, im Mittelpunkt zu stehen. Ich erstarre, sobald ich merke, dass alle mich anschauen oder erwarten, dass ich mich bei einer öffentlichen Diskussion äußere. Ich bekomme schwerste Panikattacken. Mündliche Präsentationen sind ein klassisches Beispiel. Mein Mund wird trocken, meine Beine zittern und ich *kann* ganz einfach nichts sagen. Inzwischen habe ich ein ärztliches Attest und die Schule muss sich für meine Beurteilung andere Wege einfallen lassen.

Nach dem Plan meines Großvaters wären die Augen jeder Menge Leute auf mich gerichtet, doch es gab nach meiner Denkweise zwei positive Aspekte. Der erste: Ich hätte etwas zu tun. Ich brauchte die Leute nicht anzuschauen, wenn sie mich anschauten, was garantiert eine Panikattacke auslösen würde. Der zweite: Ich wäre Teil einer Mannschaft. Es gäbe einundzwanzig andere, die angeschaut werden könnten.

Ich wäre praktisch verdünnt. Wie Apfelschorle.

Trotzdem: Die ganze Sache war grundsätzlich bescheuert. Ich stellte mir vor, dass Mum und Dad Großvaters Idee in der Luft zerreißen würden mit dem Argument, ich sei von Natur aus zurückhaltend und hätte keinerlei sportliches Talent. Großvater hört nie auf sie und ich brauchte Verbündete. Zum Glück kann ich mit meinen Eltern über so ziemlich alles reden, was, wie ich weiß, für einen Dreizehnjährigen ungewöhnlich ist, wenn nicht sogar komplett abnormal. Die meisten Kids in meinem Alter verdrehen die Augen, wenn Eltern nur nebenbei erwähnt werden, doch ich bin nicht so.

Tatsache ist, dass sie mich so akzeptieren, wie ich bin. Das tun die meisten Leute, wenn ich ehrlich bin, auch wenn es eine oder zwei Ausnahmen gibt. Daniel ist ein offenkundiges Beispiel dafür. Jedenfalls vertraue ich meinen Eltern und sprach das Thema ohne Umschweife an, während Mum die Lasagne austeilte.

»Pop findet, ich sollte versuchen, Destry mit meinen sportlichen Fähigkeiten zu beeindrucken«, sagte ich.

»Welche sportlichen Fähigkeiten?«, fragte Mum, und

gleichzeitig fragte Dad: »Wer um alles in der Welt ist Destry?«

»Rob ist bis über beide Ohren in ein Mädchen von seiner Schule verliebt. Destry Camberwick«, erklärte Mum.

»Und sie weiß noch nicht einmal, wer ich bin«, fügte ich hinzu. »Deshalb muss ich, laut Pop, ihre Aufmerksamkeit auf mich lenken, indem ich beim Sport total mutige Sachen mache.«

»Aber, Rob.« Mum war skeptisch. »Beim Sport? Im Ernst? Schreib ihr ein Liebesgedicht – in Englisch bist du super –, aber niemand könnte im Ernst behaupten, du seist besonders sportlich.«

Ein Liebesgedicht. Ausgezeichnete Idee. Ich speicherte sie zur späteren Umsetzung ab. Das lief ja richtig gut. Mum gab nicht nur Verbündeten-Geräusche von sich, sondern hatte auch einen praxistauglichen Vorschlag parat.

»Aber das ist es ja gerade«, sagte ich. »Ich bin vielleicht ein bisschen nerdig, aber wenn ich zeigen könnte, wie mutig ich bin, indem ich bei einer körperbetonten Sportart auf der gefährlichsten Position auf dem Platz spiele, müssten doch alle beeindruckt sein, oder?« Man nennt diese Strategie Advocatus-Diaboli-Taktik. Dazu gehört, dass man sich für das Gegenteil von dem, was man glaubt, ausspricht, um seine Sache zu untermauern.

Mum stellte eine Schüssel mit Salat in die Mitte des Tisches.

»Ich mache dir die Sache nur ungern madig, aber normalerweise werden Leute im Sport aufgrund ihrer Leistungen für eine Mannschaft nominiert. Sie müssen tatsächlich gut in dieser Sportart sein, keine hoffnungslosen Fälle. Ein kleines, aber wichtiges Argument, wie ich finde. Stimmt doch, Alan, oder?«

»Destry Camberwick?«, fragte Dad. »Ist das nicht eine Rockband aus den Achtzigern?«

Ich ging nicht darauf ein.

»Du kannst nicht mit Sicherheit sagen, dass ich im Sport ein hoffnungsloser Fall bin, Mum.« Ich wollte, dass sie dagegenhielt, hatte aber andererseits die Beteuerung, ich sei bei allem, was mit Körperarbeit zu tun habe, eine Niete, langsam satt. Mütter sind dazu da, einen unter allen Umständen zu unterstützen.

»Ich war zu unzähligen Sportfesten an deiner Schule, Rob. Du hast dich gewöhnlich beim Eierlaufen ausgeklinkt, weil du es für gefährlich gehalten hast.«

Das war eine himmelschreiende Lüge.

»Du hattest Angst, dass du dir mit dem Löffel ins Auge stichst, wenn du hinfällst, und womöglich ein Ei in dein Nasenloch gelangt«, fuhr sie fort.

Ja, okay. Ich erinnerte mich. Dann doch keine himmelschreiende Lüge.

Es schien mir allerdings nach wie vor eine realistische Einschätzung einer ganz offensichtlich riskanten Sportart.

Dennoch fragte ich mich unwillkürlich, ob alle Leute das in mir sahen. Nicht nur einen kompletten Loser, sondern auch noch einen Feigling? Großvater hatte mich feige genannt, und ich hatte ihm recht gegeben, aber ich dachte, er machte einen Scherz. Oder so.

»Aber du bist jetzt älter«, sagte Mum. »Es wäre möglich, dass du den Eierlauf riskieren könntest. Planst du, dabei mitzumachen?«

Ich beschloss, ihren Sarkasmus zu ignorieren. Falls es Sarkasmus war.

»Nein, es geht um das jährliche Fußballspiel zwischen unserer Schule und St. Martin.« Ich bemühte mich um einen coolen Ton. »Sie sind richtig gut – wir haben sie nicht geschlagen seit ... Noch nie, glaube ich. Und wir sind komplette Nieten. Letztes Jahr haben sie 14:0 gewonnen und dabei haben sie sich in der zweiten Halbzeit nicht mal angestrengt. Unsere Mannschaft hätte das Tor nicht mal mit einem Navi gefunden.«

Mum legte sich ein Stück Lasagne auf den Teller. »Ich glaube, ich weiß jetzt, wo dein Plan hakt. Du willst ein Mädchen beeindrucken, indem du ein hoffnungsloses Mitglied einer hoffnungslosen Mannschaft bist? Der Mitleidsfaktor bringt dich leider nur bis an einen gewissen Punkt. Außerdem kann ich mir unmöglich vorstellen, dass sie keinen besseren Spieler als dich finden können, selbst wenn euer Fußballteam grottenschlecht ist. Nimm's mir nicht übel.«

»Schon gut«, erwiderte ich. Das entwickelte sich langsam zum Albtraum.

»War Destry nicht der Name eines berühmten Revolverhelden im Wilden Westen?«, fragte Dad.

»Niemand will Torhüter sein«, fuhr ich fort. »James Martin *ist* Torhüter, und er hat mir gesagt, dass er keinen Bock darauf hat. Aber er kommt aus der Nummer nicht raus, weil niemand den Job machen will, und der Trainer lässt ihn nicht gehen. Wenn ich mich freiwillig melde, wird James Luftsprünge machen, und ich bin in der Mannschaft.«

»Der Torhüter ist derjenige, der zu verhindern versucht, dass der Ball ins Netz geht?«

»Korrekt.«

»Wirst du dann nicht als ein noch größerer Loser dastehen, wenn du derjenige bist, der die Bälle ständig wieder rausholt? Und wer sagt dir, dass Destry sich das Spiel überhaupt anschaut? Wahrscheinlich interessiert sie sich gar nicht für Fußball.«

Ein noch größerer Loser? Ich atmete tief durch. »Sie hat keine andere Wahl. Die ganze Schule wird gezwungen zuzuschauen. Und, okay, selbst wenn wir 20:0 verlieren, werde ich doch bestimmt den einen oder anderen Ball halten, oder? Und sie wird mich bemerken müssen. Die ganze Action wird sich um mich herum abspielen.«

»Was sagst denn du dazu, Alan?«, fragte Mum.

»Oder war *Destry PI* eine amerikanische Show aus den Siebzigern?«

»Dad«, sagte ich, »du hast mir wahnsinnig geholfen. Danke.« Wenigstens beleidigte er mich nicht.

»Keine Ursache«, erwiderte er mit vollem Mund. »Dafür sind Väter da.«

»Außerdem brauche ich deine Zustimmung nicht, Mum. Ich werd's machen. Ich tu's.« Wir waren offensichtlich an einem Punkt angelangt, an dem ich mich Mum und Pop gegenüber beweisen musste. Ich würde nicht mein Leben lang ein Weichei bleiben. Es war an der Zeit, die Fesseln der Vorurteile aller zu sprengen und zu zeigen, dass ich aus hartem Holz geschnitzt war, dass ich keine Angst vor Löffeln und Eiern hatte, nicht einmal vor Fußbällen.

Ich glaube, ich sah ein kleines Lächeln um Mums Lippen spielen, als sie ein Glas Wasser an ihren Mund hob, aber ich kann mich auch getäuscht haben.

7

Andrew Harris ist mein bester Freund auf der ganzen Welt, weshalb ich ihm später im Bett eine SMS schrieb.

Beschreibende Zwischenbemerkung: Andrew. Alter: 14. Groß, langes, dunkles Haar mit Mittelscheitel. Ach, vergiss es. Ich habe die beschreibenden Zwischenbemerkungen langsam satt. Er ist einfach Andrew, okay? Es spielt keine Rolle, wie er aussieht. Zumindest nicht in unserem Zusammenhang.

Als mein bester Freund auf der ganzen Welt weiß Andrew natürlich um meine Destry-Obsession. Tatsache ist, dass er mir bereits Vorschläge unterbreitet hat. Allerdings von derselben Art, wie Großvater sie zunächst gemacht hat.

»Lade sie einfach irgendwohin ein, Alter.«

»Das geht nicht.«

»Warum nicht?«

»Was ist, wenn sie Nein sagt?«

»Dann sagt sie eben Nein. Aber was ist, wenn sie Ja sagt?«

»Das wird sie nicht.«

»Warum nicht?«

»Weil ich sie nicht fragen werde.«

»Warum nicht?«

»Was ist, wenn sie Nein sagt?«

Es war eine Unterhaltung, die, wie er zugab, den Wunsch in ihm weckte, mir eine reinzusemmeln. Ich sagte ihm, er solle sich hinter Daniel Smith anstellen. Aber Andrew (nenne ihn nie Andy, es sei denn, du willst, dass er *wirklich* sauer wird) ist so was wie ein Experte, wenn es um die Wünsche der Mädchen geht. Er hatte, wie ich mit Sicherheit weiß, schon drei Freundinnen und ist gerade erst vierzehn geworden. Das ist beeindruckend. Unfassbar, wenn du mich fragst. Jedenfalls würde er wissen, ob mein Plan gut war.

Andrew, ich überlege, dieses Jahr beim Freundschaftsspiel gegen St. Martin als Torwart mitzumachen, um Destry mit meiner Unerschrockenheit und ganz allgemein meinen Machoqualitäten zu beeindrucken. Was hältst du davon?

(Ich achte immer auf Rechtschreibung und Grammatik, selbst in SMS. Man nennt es Standards haben.)

Dubi verükt.

(Die meisten Leute scheren sich nicht darum.)

Ja, aber was hältst du davon?

Du kö dabei sterben

Dann wäre sie von Trauer überwältigt.
Ein super Aphrodisiakum.

Was

Aphrodisiakum. Eine Art Liebestrank.

Dachte es wär ne trendy Frisur
egal weil du tot wärst du
depp

Stimmt. Plan hängt von meinem Überleben ab.
Beherzter Soldat. Tapfer, allen Widrigkeiten
zum Trotz. Heldenhaft im Angesicht größter
Gefahr.

Kö funktionirn dukösi aber auch
einfach einladen.

Was ist, wenn sie Nein sagt? Und schreib funktionieren nicht so, nur um zwei Buchstaben zu sparen. Faulpelz.

Ich legte mich voller Begeisterung für meinen Plan schlafen. Aber ich beschloss auch, noch vor dem Spiel das Liebesgedicht zu schreiben. Aufgrund meiner Nachforschungen zur Position des Torhüters (fünf Minuten auf der offiziellen Seite der A-Liga) war mir klar, dass schwere Gehirnschäden eine reale Möglichkeit waren. Das Worstcase-Szenario wäre, dass ich zu Daniel Smith würde.

8 Ich liebe meine Schule. An meinem ersten Schultag dort hatte ich ein Problem mit der Schuluniform, aber Mum und Dad haben das geklärt, und von da an war alles nur super. Alle sind nett. Klar, es gibt ein paar Typen wie Daniel Smith, aber die gibt es überall. Und die einzige Möglichkeit, mit den Daniels dieser Welt umzugehen, ist, sie zu ignorieren.

Nein, die Milltown Highschool ist wunderbar und unterstützt ihre Schüler in jeder Hinsicht.

In der Pause ging ich zu Mr Broadbent, dem Sportlehrer. Er war in der Sporthalle und beaufsichtigte ein paar Kids beim Baseball. Doch er setzte sich mit mir auf die Tribüne und überließ das Spiel sich selbst.

Ich brachte mein Anliegen vor. Er betrachtete mich von oben bis unten und pfiff.

»Torwart, Rob? Du weißt, was man sagt?« Ich wusste es nicht, dachte mir aber, dass er mich gleich aufklären würde. »Du musst verrückt sein, um Torwart zu sein. Du kannst einen Tritt gegen den Kopf bekommen – mit ziemlicher Sicherheit *wirst* du einen Tritt gegen den Kopf bekommen. Der Strafraum gleicht einem Kriegsgebiet. Du musst unglaublich mutig sein. Stell dir vor, ein Fifty-fifty-Ball kommt auf dich zu.«

Ich versuchte es, da ich jedoch keine Ahnung hatte, was ein Fifty-fifty-Ball war (halb Ball, halb etwas anderes?), gelang es mir nicht, weshalb ich nur nickte.

»Der Mittelstürmer kommt angeprescht, entschlossen, dir den Ball wegzuschnappen. Er ist riesig und fies und hat nur eins im Sinn: dieses Tor zu schießen. Was tust du in einer solchen Situation?«

Ich dachte: Wer bin ich, dass ich ihm im Weg stehe, wenn es ihm so viel bedeutet? Da dies aber, wenn ich in die Mannschaft aufgenommen werden wollte, wahrscheinlich keine kluge Antwort war, sagte ich: »Ich stelle sicher, dass ich vor ihm an den Ball gelange.«

»Genau. Aber du wirst Kopf voraus in den Boden tauchen, während seine Stollen auf dich zukommen. Wer wird wohl verletzt?«

»Ich.«

»Genau. Hältst du das aus, Rob? Denn wenn du es nicht aushältst, nützt du uns in der Schulmannschaft nichts.«

»Ich kann es aushalten, Mr Broadbent.«

Er schnaubte. »Pass auf. Das Spiel ist in einem Monat.

Ich will dich drei Mal die Woche nach der Schule zum Training auf dem Platz haben. Da werden wir dann sehen, woraus du gemacht bist.«

Aus Blut, dachte ich, *wenn das, was Sie über Torhüter gesagt haben, stimmt. Blut, aber nichts Gehirnartiges.*

Laut sagte ich: »Ich werde Sie nicht enttäuschen.«

Ich enttäuschte ihn.

Zumindest während der ersten Trainingsstunden. Du musst wissen, dass die Tore beim Fußball enorm hoch und breit sind und ich das nicht bin. Ich stand in der Mitte auf der Torlinie (lobe mich dafür, dass ich die Terminologie beherrsche) und blickte nach links, nach rechts und nach oben. Da war jede Menge freier Raum, der nur darauf wartete, dass ein Fußball durchsegelte. Aus meiner Perspektive musste man schon Pech haben, um *kein* Tor zu schießen. Man müsste schon direkt auf mich zielen und hoffen, dass ich nicht mehr genügend Zeit hatte, aus dem Weg zu springen. Mr Broadbent legte einen Ball auf den Siebenmeterpunkt und ging ein paar Schritte zurück.

»Okay, wir fangen mit den einfachen Sachen an. Ich schieße so, dass der Ball entweder ein kleines Stück rechts oder links von dir kommt. Nein, warte. Ich sag's dir. Er wird links kommen.«

»Schonen Sie mich nicht«, sagte ich. »Ich kann es aushalten.«

Er ignorierte mich. »Du musst runtergehen, damit möglichst viel von deinem Körper hinter dem Ball ist. Verstehst du? Als würdest du dich hinlegen und der Ball würde deinen Bauch treffen. Ausgeschlossen, dass er durch dich durchrutscht.«

Ich nickte und hüpfte ein paarmal auf den Zehen auf und ab. Ich habe einen Torhüter gesehen, der das gemacht hat, und fand es cool. (Kleines Geständnis: Zu Forschungszwecken habe ich mir im Fernsehen ein Spiel der ersten Liga von England angeschaut. Profitorhüter sind übrigens GROSS. Verknorkt riesig, wie Großvater sagen würde.)

Mr Broadbent ging zum Ball und schoss ihn mit dem Innenrist so, dass er ein oder zwei Meter links von mir heranrollte. Offenbar steht er zu seinem Wort. Ich kann nicht behaupten, dass der Ball schnell kam. Im Gegenteil, er kam so langsam, dass ich mich an meine sämtlichen Gedankengänge erinnere. Wahrscheinlich hätte ich genügend Zeit gehabt, sie aufzuschreiben.

Den kriegst du, Rob.

Was hat er gesagt? Abtauchen. Nein, »abtauchen« hat er nicht gesagt. Er hat gesagt, der Körper muss hinter dem Ball sein.

Aber ich könnte meinen Fuß ausstrecken und ihn wegkicken. Ich könnte sogar hinübergehen und mich draufsetzen.

Er sagte: Leg dich so hin, dass dein Körper hinter dem Ball ist.

Ja, aber das würde bedeuten, dass ich mich auf den Boden werfe.

Und?

Der Boden sieht reichlich hart aus. Ich könnte mir weh-tun.

Der Ball kommt langsam, aber wenn diese stumme Debatte so weitergeht, rollt er an dir vorbei, bevor du es weißt.

Also: auf den Boden werfen oder den Fuß rausstrecken?

Tu etwas!

Huch! Zu spät. Er ist im Tor.

Ich erinnere mich, dass ich dachte, *du musst aussehen wie ein Vollidiot, stehst da starr wie Stein und schaust zu, wie der Ball ganz, ganz langsam ins Tor rollt.* Obwohl es viel zu spät war, streckte ich meinen linken Fuß raus. Das brachte mich völlig aus dem Gleichgewicht, und ich fiel rücklings auf den Hintern, Oberkörper aufrecht, Beine gespreizt. Der Ball berührte sacht das Netz.

Mr Broadbent legte den Kopf in die Hände und lach-te. Sacht. Vielleicht hat er auch geweint. Ich war zu weit weg, um es mit Sicherheit sagen zu können.

 Eines der Probleme mit dem Namen »Destry« ist, dass es nicht besonders viel gibt, was sich darauf reimt.

»Petri« fällt einem ein.

Einer Göttin gleich saß meine Destry
Beim ersten Treffen auf dem Stuhle Petri.

Du weißt, was ich meine? Es entspricht nicht einmal annähernd der Wahrheit. »Camberwick« ist nicht viel besser.

Ich bin so glücklich mit Destry Camberwick
Wie ein Magier nach gelungenem Zaubertrick.

Klar, die logische Folgerung wäre, auf Reime vollständig zu verzichten. Aber ich *mag* Reime.

Es muss eine Möglichkeit geben.

10

»Okay, du siehst diesen Ball?«, fragte Andrew.

Ich sah ihn. Wir waren in unserem Garten hinter dem Haus, er lag zu seinen Füßen und war rund, was ein untrügliches Zeichen war. Ich nickte.

»Gut. Dann hör mir jetzt gut zu und lass deine Fantasie spielen. Ich weiß, dass du viel Fantasie hast, weil du ständig nur Einsen in Englisch bekommst und allen damit auf die Nerven gehst.«

Es stimmte.

»Ich werde mit aller Kraft gegen diesen Ball treten«, fuhr Andrew fort. »Und weißt du, warum?«

Ich wusste es nicht und gab dies auch zu.

»Weil ich Destry Camberwick hasse und sie hinter dir steht ...«

Ich drehte mich um, weil man nie wissen kann, aber ich sollte es mir ja nur vorstellen.

»... und dieser Ball wird direkt ihr dummes, hässliches Gesicht treffen. Es gibt nur einen Menschen, der dies verhindern kann, Rob. Wer ist das?«

»Na ja, konsequenterweise wärst du es, Andrew. Denn wenn du dich entscheiden würdest, nicht zu schießen ...«

Andrew stemmte die Hände in die Hüften.

»Okay, ich«, sagte ich rasch. »Ich bin der Hüter ihres Gesichts.«

»Nur du.«

»Nur ich.«

»›Ich werde nicht zulassen, dass ihrem Gesicht etwas passiert!‹ Sag es.«

»Ich werde nicht zulassen, dass ihrem Gesicht etwas passiert!«

»Lauter!«

»ICH WERDE NICHT ZULASSEN, DASS IHREM GESICHT ETWAS PASSIERT.«

Andrew ging ein paar Schritte zurück und trat dann gegen den Ball. Ich sollte vielleicht noch bemerken, dass mein bester Freund ein sehr guter Fußballer ist. (Er ist in allen Sportarten sehr gut – einer der Gründe, weshalb er bei Mädchen so viel Erfolg hat, behauptet er. Wäre er nicht mein bester Freund, würde ich ihn wahrscheinlich hassen.) Der Ball kam auf mich zugeschossen, von rechts und ungefähr in Höhe meines Kopfes.

Andrew hatte recht. Meine Fantasie ist so beschaffen, dass Englischlehrer im Lehrerzimmer begeistert darüber diskutieren, was wahrscheinlich nur beweist, dass sie mehr an die frische Luft gehen sollten. Ich sah, wie der Ball auf Destrys Gesicht zuflog – Destrys armes, süßes, perfektes Gesicht –, und ich hatte keine Zeit mehr nachzudenken. Ich musste handeln. Ich machte einen Satz nach rechts wie ein Springbock, oder wenn nicht wie ein Springbock, dann wie ein anderes Tier, das für seine eleganten Sprünge bekannt ist. Ich breitete die Arme aus. Vielleicht habe ich sogar »ICH WERDE NICHT ZULASSEN, DASS IHREM GESICHT ETWAS PASSIERT« gerufen, aber das kann ich nicht beschwören.

Jemand hätte die ganze Sequenz auf Video aufnehmen sollen. In Zeitlupe hätte es bestimmt super ausgesehen.

Der Ball traf mich mitten ins Gesicht, prallte danach von unserer Wäschespinne ab und krachte durchs Badezimmerfenster unserer Nachbarn.

»Verknorkte Scheiße«, rief Andrew. »Lauf!«

Das taten wir, doch mein Kopf tat richtig weh, und ein Auge schwoll bereits zu, weshalb ich gegen die Wäschespinne lief und mich selbst ausknockte. Ich weiß gar nicht, weshalb ich überhaupt rannte. Ich wohnte hier und Mum beobachtete uns durchs Küchenfenster. Es war also nicht so, dass ich mir ein Alibi verschaffen könnte, das vor Gericht standhalten würde.

11 Hier hab ich eine Geschichte für dich. Setz dich im Schneidersitz hin und steck den Daumen in den Mund, wenn du magst.

Es war einmal ein Polizist, der hieß John Gray und lebte in Schottland. John war ein ganz normaler Typ, hatte aber einen außergewöhnlichen Hund namens Bobby. Bobby war ein Skye Terrier, ein kleines Fellbündel. Er liebte John, und John liebte ihn, aber John starb wie alle Menschen irgendwann. Johns Freunde beerdigten ihn auf dem Friedhof der Greyfriars-Kirche. Kurz danach entdeckte der Gärtner Bobby, der auf Johns Grab saß. Alle waren sich einig, dass dies unzulässig war. Friedhöfe hatten sauber und ordentlich zu sein, und Hunde, allen voran Bobby, waren weder noch. Also jagte der Gärtner ihn davon, und das ziemlich grob, denn mit Tieren muss man streng sein und muss sie wissen lassen, wer der Boss ist.

Bobby wusste nicht, wer der Boss war.

Er schlich sich wieder hinein und setzte sich auf das Grab seines Herrchens. Er wurde wieder weggejagt. Er kam zurück. Wieder. Und wieder.

Irgendwann hatte der Gärtner ein Einsehen und jagte ihn nicht mehr weg. Er begann sogar, ihn zu füttern. Bobby blieb und bewachte für die nächsten vierzehn Jahre das Grab seines Herrchens, bis er selbst starb wie alle Tiere irgendwann.

Das ist eine wahre Geschichte, und du kannst sie nachlesen, wenn du »Greyfriars Bobby« googelst.

Sie ist ein Beispiel (unter vielen) dafür, wie wunderbar, überwältigend und geheimnisvoll die Liebe ist.

12

Jeden Sonntag muss ich Dad zu einer Runde Golf begleiten.

Das ist nicht verhandelbar.

Dad argumentiert, dass es eine Gelegenheit für einen hübschen Spaziergang in angenehmer Umgebung sei, bei dem man frische Luft tanken und plaudern könne, doch ich vermute, er besteht darauf, damit er seine Golfschläger, die unglaublich schwer sind, nicht selbst herumfahren oder tragen muss. Außerdem hofft er, dass ein Wunder geschieht, ich eine Wandlung durchmache, den Golfsport zu lieben beginne und um die Mitgliedschaft in seinem Club bettle.

Ich sehe nicht den Hauch einer Chance, dass dies passiert.

Es entspricht nicht meiner Vorstellung von Spaß, einen kleinen Ball über eine große Distanz in ein ebenso kleines Loch zu katapultieren und dazu noch krasse Kleidung zu tragen. Wenn es denn so wichtig wäre, könnte man den Ball auch aufheben, die vierhundert Meter laufen und ihn per Hand ins Loch legen. Und man bräuchte keine unglaublich schweren Golfschläger herumzufahren oder zu -tragen, was ein gewaltiger Vorteil wäre.

Dad steckte sein Golf-Tee beim ersten Loch in den Boden und legte vorsichtig einen Ball darauf. »Holz eins, bitte«, sagte er.

Ich holte den Schläger aus der Tasche (du kannst unmöglich jeden Sonntag 18 Loch Golf spielen und nicht wissen, welcher Schläger welcher ist). Ich zog sogar die kleine pelzige Haube ab. Wozu brauchen Golfschläger Hauben? Es ist ja nicht so, dass sie im Winter anfällig wären für Erkältungen. Vielleicht ist es eine Stilfrage. In diesem Fall wäre es allerdings besser, kleine Baseballkappen zu nehmen und sie mit dem Schild nach hinten auf deine fünf Eisen zu setzen, um ihnen ein Gangsta-Aussehen zu verleihen.

Dad nahm den Schläger und »sprach den Ball an«. Das heißt jetzt nicht, dass er ihn grüßt und sich nach seinem Befinden erkundigt, sondern dass er mit dem Hintern wackelt, hinunterschaut auf den Ball, hin zu der Stelle, wohin er ihn schlagen will, wieder hinunter zum Ball, wieder hoch, wieder runter. Manchmal hört er mit dem Hinternwackeln kurz auf, tritt einen Schritt zurück, nimmt dann seine ursprüngliche Position wieder ein und beginnt erneut mit dem Schauen und

Wackeln. Es dauert ewig. Endlich schwingt er den Schläger nach hinten und haut den Ball windelweich. Dieses Mal gab ich ihm die Gelegenheit dazu nicht.

»Dad?«, fragte ich, als er mitten im Rückschwung war. Ich weiß, dass ich, wenn er mitten im Rückschwung ist, nicht reden sollte. Golfer werden richtig wütend, wenn du das tust. Es ist schlechtes Benehmen, wie wenn jemand mitten in einem voll besetzten Restaurant auf den Boden kackt. Ich bin mir nicht sicher, ob das schon mal vorgekommen ist, aber überraschen würde es mich nicht.

Der Ball flog davon, weit nach links. Man nennt dies »Hook«, vielleicht war es aber auch ein »Slice«, das weiß ich nicht genau. Auf jeden Fall war es nicht gut. Dad war wütend.

»ROB! Rede niemals mit mir, wenn ich mitten im Schwung bin. Du weißt, dass du das nicht darfst.«

Ich wusste es, aber ich war in einer seltsamen Stimmung. Er gab mir den Golfschläger, und ich setzte ihm die Haube wieder auf, steckte ihn zurück in die Tasche und rollte den Trolley weiter. Dad marschierte in ungefähr die Richtung, in die der Ball geflogen war. Ich blieb einen oder zwei Schritte hinter ihm.

»War es bei dir und Mom Liebe auf den ersten Blick?«, fragte ich. »Habt ihr Musik gehört? Hat sich deine Umgebung aufgelöst, als du über einen vollen Saal hinweg den Blick auf sie gerichtet hast, und hast du deinem wild klopfenden Herzen befohlen, ruhig zu werden?«

Dad blieb nicht stehen und schaute auch nicht zurück.

»Ich habe Musik gehört«, antwortete er.

»Echt?« Ich war ganz aus dem Häuschen.

»Es war in einem Nachtclub«, fügte er hinzu. »Man verstand über der Musik sein eigenes Wort nicht. Heavy Metal, wenn ich mich richtig erinnere.«

»Oh.« Ich dachte eine Weile darüber nach. Es hat etwas Gespenstisches, wenn du erkennen musst, dass deine Eltern einmal jung genug waren, um in einen Nachtclub zu gehen. Ein Schauer lief mir über den Rücken. »Was war mit deiner Umgebung? Hat sie sich aufgelöst?«

»So viel getrunken hatte ich nicht.«

»Dad, ich meine es ernst.«

Es dauerte eine Weile, aber im Verlauf unserer achtzehn Löcher habe ich die Einzelheiten aus ihm herausgekitzelt. Vor allem, seit ihm klar war, dass ich ihn zu Unzeiten fragen würde, zum Beispiel wenn er sich auf einen wichtigen Putt vorbereitete.

Seine Geschichte geht so:

13 Dad hatte nicht immer eine Glatze und auch nicht schon immer eine Figur wie ein Heißluftballon (seine Worte). Mit zwanzig war er schlank, hatte eine abenteuerliche Frisur und konnte auf der Tanzfläche »richtig abhotten«. Das war zu einer Zeit, als ein guter Tanzstil »abhotten« genannt wurde. Heutzutage ist das Leben besser.

Dad ging jedenfalls mit ein paar Kumpels in einen Nachtclub in Sydney, hauptsächlich um abzuhotten, im Übermaß Alkohol zu trinken und »eine Schnecke anzugraben«. (Ich bat übrigens um eine Übersetzung für »eine Schnecke angraben«. Es bedeutet, Frauen mit seinen sprachlichen Fähigkeiten zu beeindrucken. Das soll nicht heißen, dass ich »Schnecken anzugraben« oder »abzuhotten« für einen guten Einstieg halte, aber das habe ich Dad gegenüber nicht erwähnt.)

Um eine lange und enttäuschend langweilige Geschichte kurz zu machen: Dad hat Mum auf der Tanzfläche kennengelernt. Sie war eine Schnecke und er hat sie angegraben. Sie haben zusammen abgehottet.

»Dann also keine Blicke über einen vollen Saal hinweg?«, fragte ich.

»Sie hat mich angerempelt, und ich habe ihr mein Bier übers Kleid geschüttet.«

»Ist dein Herz gehüpft?«

»Es krampfte sich zusammen, weil ich mir kein neues Bier mehr leisten konnte.«

»Liebe auf den ersten Blick?«

»Zwei Wochen lang habe ich sie mit falschem Namen angesprochen und Sandra zu ihr gesagt.« Mum heißt Catherine.

»Bist du vor ihr auf die Knie gefallen, als du um ihre Hand angehalten hast?«

»Ich habe ihr eine Karte geschickt: ›Sollen wir die Sache legalisieren?‹«

»Dad! Wo bleibt denn da die Romantik?«

»Die hatte sich wohl an dem Tag freigenommen.«

Irgendwann erkannte Dad an meiner Miene, dass mich das, was er für Spaß hielt, völlig durcheinanderbrachte. Er setzte sich mit mir auf eine Bank beim vierzehnten Loch und winkte die Spieler hinter uns durch. Das war ein großes Opfer und ich wusste es.

»War ein Scherz, Kumpel. Nicht weinen«, sagte er.

Es stimmte. Ich hatte, ohne es zu merken, angefangen zu weinen. Ich bin ein solches Weichei. Es ist peinlich.

»Dann hast du Mum gar nicht so kennengelernt?«

»Ich habe deine Mum *haargenau so* kennengelernt.« Er legte mir den Arm um die Schultern. »Und es tut mir leid, dass es für dich so … enttäuschend ist. Aber es ist die Wahrheit. Es hat kein Orchester gespielt, es gab keine Lichtstrahlen, die uns trafen, keine explodierenden Herzen, keine … Romantik. Ich habe mich nicht auf den ersten Blick in sie verliebt. Sie sich in mich auch nicht. Ich glaube sogar, dass sie mich für einen ziemlichen Trottel hielt.«

»Aber …«

»Aber jetzt kommt's. Nachdem ich deine Mum getroffen hatte, habe ich keine andere Frau mehr angeschaut. Ich befand es nicht für nötig, hatte kein Bedürfnis. Wenn sie mich verlassen oder – Gott bewahre – sterben würde, wäre das so, als würde mein Leben seinen Sinn verlieren, als … fiele ich in ein dunkles Loch. Sie ist der erste Mensch, an den ich denke, wenn ich aufwache, und der letzte, an den ich denke, wenn ich schlafen gehe.«

»Dad«, sagte ich, »das ist so romantisch.«

»Mit Romantik kenne ich mich nicht aus, aber es stimmt«, erwiderte er. »Kann ich jetzt bitte diese verfluchte Golfrunde zu Ende bringen? Ich winke keine weiteren Spieler mehr durch.«

14

»Ich habe nachgedacht«, sagte Andrew.

Ich widerstand dem Drang, den naheliegenden Witz zu machen. Allerdings nicht lang.

»Hat es wehgetan?«, fragte ich.

»Was *weißt* du eigentlich von Destry Camberwick?« Wir saßen in der Kantine auf einer Bank. Zwischen jeder Menge Schüler hindurch erhaschte ich gelegentlich einen Blick auf Destrys Gestalt. Sie saß mit ein paar Freundinnen auf einer Bank auf der anderen Seite der Kantine. Sie hatte sich schnell eingelebt in der Milltown High. Und nach ihrem Umgang zu urteilen, schien sie auch sehr beliebt zu sein. Das war einerseits ein gutes Zeichen, weil sie offensichtlich nicht langweilig war. Aber es war auch ein schlechtes Zeichen. Es würde zweifellos Konkurrenz um ihre Zuneigung geben, und Konkurrenz war das Letzte, was ich brauchen konnte.

»Ich weiß, dass sie umwerfend aussieht«, antwortete ich.

»Ja. Das sagtest du bereits. Ungefähr eine Million Mal.« Andrew biss mit Appetit in seinen Burger. Ich schob meine Fritten hin und her. Diese gelegentlichen Blicke auf Destry hatten mir den Appetit verdorben. »Aber du bist kein oberflächlicher Mensch, Rob.«

»Vielleicht doch.«

»Du kannst dich nicht in eine Frau verlieben, nur weil sie gut aussieht.«

»Ich hab's getan.«

»Das ignoriere ich jetzt mal.« Unter den gegebenen Umständen war dies eine vernünftige Taktik. »Du weißt so gut wie ich, dass ein Mensch mehr ist als die äußerliche Erscheinung. Nimm dich zum Beispiel. Niemand könnte behaupten, dass du wahnsinnig gut aussiehst ...«

»Ach nein?«

»... doch als ich dich näher kennenlernte, merkte ich, dass sich hinter deinem hässlichen Gesicht ...«

»He!«

»... ein wunderbarer Mensch verbirgt.«

»Bevor du angefangen hast, mich mit Hochgeschwindigkeitsfußbällen zu bombardieren, war mein Gesicht nicht hässlich.«

Andrew machte sich über meine Pommes her. Er nahm eine und zeigte damit auf mich, doch er erzielte nicht die gewünschte Wirkung, weil sie durchgeweicht war und traurig herunterhing.

»Destry könnte komplett hohl sein, eine Rassistin oder schwulenfeindlich. Du musst herausfinden, ob ihr beide kompatibel seid.«

Ich nickte. »Kein Wissen gibt's, der Seele Bildung im Gesicht zu lesen.«

Andrew schmiss die Fritte nach mir.

»Wirfst du mir wieder Shakespearezitate an den Kopf?«

»Ich bekenne mich schuldig«, sagte ich. »*Macbeth.*«

»Hör auf damit. Gerade wenn ich denke, du kannst nicht noch nerviger sein, machst du so was.«

»Hast du nicht gesagt, ich sei ein wunderbarer Mensch?«

»Das war gelogen.«

Ich überlegte ein paar Augenblicke. Andrew hatte recht. Ich wusste es. Und außerdem war alles, was Mum und Dad über die Natur der Liebe gesagt hatten, die Bestätigung dafür. Es ging nicht ums Aussehen. Es ging um ... Was hatte Mum gesagt? »Gemeinsam Geschirr spülen, die gewöhnlichen Dinge des täglichen Lebens.«

»Du meinst also, dass ich herausfinden muss, ob ich mit Destry Camberwick Geschirr spülen kann.«

»Halt die Klappe, Rob, okay?«

»Okay.«

»Pass auf«, fuhr Andrew fort, »ich werde dein Wingman sein, dein Recherchebetreiber, der Insider, der Maulwurf, der unterhalb der Oberfläche der Camberwick gräbt. Ich werde herausfinden, wie sie tickt, welche Musik sie mag, welche Fernsehshows sie sich ansieht, welche Hobbys sie hat. Information ist Macht, mein Freund, und du brauchst Informationen.«

Das war eindeutig die beste Idee überhaupt. Ihren Musikgeschmack herausfinden? Ich könnte die Lieder, die sie mag, herunterladen und aus meinen Kopfhörern dröhnen lassen, wenn ich »zufällig« an ihr vorbeigehe. Mit lauter Stimme verkünden, wie toll ich ... welche Fernsehshow auch immer sie mag, finde. Es war perfekt. Doch dann kam mir ein anderer Gedanke.

»Das bedeutet, dass du oft und lang mit ihr reden wirst.«

»Genau. Und mit ihren Freundinnen. Du weißt, dass ich gut mit Mädchen kann.«

Ich warf die durchgeweichte (und inzwischen fast breiige) Fritte zu ihm zurück. »Oh ja, das weiß ich. Sie lieben dich. Destry wird dich lieben. Und du wirst Destry lieben.« Vor meinem geistigen Auge sah ich mit Entsetzen, wie sich alles abspielen würde. Destry und Andrew brennen am Ende des Schuljahrs miteinander durch, um zu heiraten. Andrew schickt mir einen Brief von irgendwo weit weg, zum Beispiel aus Darwin, in dem er mir mitteilt, wie leid es ihm tue, aber dass er und Destry zusammenziehen, obwohl er erst vierzehn ist und sie dreizehn, und dass sie ihr erstes Kind nach mir nennen würden ...

»Bist du verrückt?« Andrew suchte nach einer weiteren Fritte, die er nach mir werfen könnte, doch es waren keine mehr da.

»Möglich wäre es.«

»Du bist mein bester Freund«, sagte er. »Ich würde dir das nie antun. Außerdem ist sie nicht mein Typ.«

»Alle Mädchen sind dein Typ«, gab ich zu bedenken.

»Stimmt nicht. So oberflächlich bin ich nicht.«

Ich dachte darüber nach. Falls Destry Camberwick sich in Andrew verliebte, konnte ich so gut wie gar nichts dagegen tun. Und falls sie es tat, war es wahrscheinlich gut, wenn ich es eher früher als später erfuhr. Doch falls sie es nicht tat und er auch nicht, könnte es gewaltige Vorteile mit sich bringen. Vielleicht sollte ich meinem besten Freund vertrauen.

»Okay. Wann willst du anfangen?«

»Was du heute kannst besorgen, das verschiebe nicht auf morgen.« Damit machte er sich auf zum anderen Ende der Kantine. Ich schaute ihm nach, bis eine stämmige Gestalt mir den Blick verstellte.

»Willste gegen mich antreten, Fitzgerald?«, fragte Daniel. »Hm? Hat's dir die Sprache verschlagen? Willste kämpfen? Los, sei ein Mann …«

»Gibt es Probleme?«, fragte Miss Pritchett. Sie war wie aus dem Nichts aufgetaucht.

15

»Ich habe mein verknorktes Geld auf Agnes gesetzt«, verkündete Großvater.

»Ich werde *nicht* mit dir wetten, wer als Nächstes stirbt, Pop«, erwiderte ich. »Das zeugt von erbärmlich schlechtem Geschmack.«

»Genau deshalb liebe ich das Spiel. Ich weiß nicht, was dein verknorktes Problem ist, Rob.«

Wir saßen in bequemen Lehnstühlen im Aufenthaltsraum des Altenheims. Laut Großvater war dies das Zentrum des sozialen Lebens der gesamten Einrichtung. Die Bewohner spielten Bingo, und es gab ein Klavier, auf dem ein Mitbewohner fast jeden Abend herumhämmerte (Pop war der Meinung, dass jemand der Gemeinschaft einen großen Dienst erweisen würde, wenn er ihm die Finger bräche), doch gelegentlich gab es auch Gastauftritte von Künstlern. Vor einem Monat war ein Jongleur von einem Wanderzirkus aufgetreten. Nächste Woche erhielten sie Kunstunterricht. Die Bewohner mochten, in Pops poetischer Ausdrucksweise, ja »ein Haufen alter Fürze« sein, »die nur auf den Tod warteten«, doch während sie warteten, hatten sie im Großen und Ganzen ihren Spaß.

»Ich muss mir einen Hund ausleihen, Pop«, sagte ich.

»Unbedingt. Sag mir noch mal, warum genau.«

»Weil Destry Camberwick einen Hund hat, den sie jeden Abend um dieselbe Zeit im Park ausführt.« Andrew hatte gleich am ersten Tag geliefert. Destry liebte Hunde über alles. Das waren super Nachrichten, und ich war entschlossen, sie zu meinem Vorteil zu nutzen. »Es ist die perfekte Gelegenheit für mich, ihr auf einem Spaziergang mit meinem eigenen Hund ›zufällig‹ zu begegnen«, fügte ich hinzu.

»Du hast keinen Hund.«

»Weshalb ich mir einen ausleihen muss, Pop. Hallo?«

»Ah ja.«

»Nachdem ich Destry Camberwick zufällig begegnet bin, ist es ein Leichtes, sie in ein Gespräch zu verwickeln.«

Destry: Wow. Ich liebe deinen Hund. Wie heißt er?

Ich: Chopper. Und wie heißt dein Pekinese/Boxer/Labrador?«

Destry: Rob.

Ich: Was für ein Zufall! So heiße ich auch!

Destry: Das gibt's doch gar nicht. Wir sind offensichtlich dafür bestimmt, uns zu begegnen, zu verlieben, fünf Kinder zu haben und zusammen ein glückliches und erfülltes Leben zu führen.

Ich: Worauf warten wir noch?

Großvater saugte an seinen Zähnen und das Pfeifen begann. Es klang wie die australische Nationalhymne, aber das bildete ich mir wahrscheinlich nur ein.

»Gespräche sind nicht gerade deine Stärke, Junge«, gab Großvater zu bedenken.

»Ich weiß. Aber ich muss das überwinden.« Es stimmte. Ich blickte beim Fußball dem Tod ins Auge, deshalb glaubte ich, dass es möglich war, sich zu ändern.

»Viele der alten Fürze hier haben Hunde. Wenn man in mein Alter kommt, scheint es offenbar plötzlich eine gute Idee zu sein. Keine Ahnung, weshalb.«

»Vielleicht lieben sie den Hund und der Hund liebt sie.«

»Unwahrscheinlich. Vergiss nicht, das hier ist der Wartesaal Gottes, und sie sind alte Fürze.«

»Man kann auch alte Fürze lieben. Du bist einer und ich liebe dich.«

»Diese Unterhaltung wird langsam verknorkt abartig, Junge. Ich hab dir gesagt, es ist nicht deine Stärke, also hör auf.«

Die nächsten paar Minuten saßen wir schweigend da. Ich grüßte ein paar Bewohner. Ich war schon so oft hier gewesen, dass ich langsam alle kannte. Ich merkte sogar, wie ich Agnes beobachtete, um zu sehen, ob Pops Vorhersage an den Haaren herbeigezogen war oder nicht. Sie wirkte tatsächlich kränklich ...

Großvater ergriff wieder das Wort. »Jim hat einen Hund. Und er ist ein bisschen wacklig auf seinen Stelzen. Wahrscheinlich ist er froh, wenn du mit dem Teil Gassi gehst.«

»Super. Kannst du ihn für mich fragen?«

»Du fragst ihn verknorkt noch mal selbst. Sieh es als Übung. Der Himmel weiß, wie nötig du die hast.«

Jims Hund auszuleihen, war kein Problem. Pop redete mit Jim und ich auch. Es war, um ehrlich zu sein, ein kleines Wunder, dass er sich überhaupt erinnerte, dass er einen Hund hatte. Oder an seinen eigenen Namen. Wir vereinbarten, dass ich am nächsten Tag um halb fünf vorbeikommen und den Köter abholen würde. Destry kam normalerweise zwischen fünf und halb sechs in den Park, und ich würde da sein, ganz zufällig, als Hundefreund und praktisch unwiderstehlich.

Ich hatte ein gutes Gefühl bei der Sache. Das, zusammen mit der bevorstehenden exzellenten Torhüterperformance, machte mich unwiderstehlich.

Ich fand mich schon fast selbst cool.

16

»Was ist in den letzten paar Tagen passiert?« Mr Broadbent war überrascht. Das merkte ich daran, dass er hinzufügte: »Ich bin überrascht.«

»Ich habe trainiert«, antwortete ich. Ich stand auf der Torlinie und wedelte mit meinen Torhüterhandschuhen über meinem Kopf herum. Sie waren riesig und ich sah wahrscheinlich aus wie ein Mickey-Maus-Doppelgänger. Mit Ausnahme der Ohren. Vielleicht auch nicht mit Ausnahme der Ohren. Andrews Worte bezüglich meiner äußeren Erscheinung hatten mich schwer getroffen.

»Du warst heute ... außergewöhnlich gut, Rob«, lobte Mr Broadbent. »Absolut phänomenal.«

Ich musste ihm recht geben.

Andrew hat unbestritten eine große Zukunft als Motivationstrainer vor sich. Seine Worte, dass ich Destrys Gesicht schützen müsse, hatten sich in mein

Gehirn eingebrannt. Wenn der Fußball auf mich zu-
schoss, sah ich in seiner Flugbahn nur ihr wunder-
schönes Gesicht mit zerquetschter Nase. Das konnte
ich nicht zulassen. Ich warf mich von einer Seite auf die
andere. Ich beförderte den Ball über die Latte und um
die Pfosten herum. Bei den seltenen Gelegenheiten, bei
denen Mr Broadbent andere Spieler aufs Tor schießen
ließ, griff ich sie direkt an und blockte den Ball auf jede
erdenkliche Art und Weise ab. Mit den Armen, den Beinen, dem Gesicht. Ich schonte mich nicht. Ich wäre eher
gestorben, als den Ball an mir vorbeizulassen.

Ich trainierte eine Stunde lang. Und ich ließ keinen
einzigen Ball die Torlinie passieren. Jetzt sagst du
nichts mehr, Mum!

»Du bist in der Mannschaft«, bestimmte Mr Broadbent, als er mit einem Pfiff schließlich das Training
beendete. »Teufel auch. Wir könnten dieses Jahr sogar gewinnen. Na ja, sagen wir, ein Unentschieden erreichen. Ganz ehrlich, unsere Stürmer könnten das
gegnerische Tor auch mit einem Navi nicht finden.«

17

Ich war genau fünf Minuten vor fünf im Park. Er liegt nur zwei Gehminuten von Großvaters Apartment entfernt, aber es gab Probleme beim Abholen von Jims Hund. Jim hatte zum einen vergessen, dass ich kommen wollte, und musste auf dem weitläufigen Gelände erst mal aufgestöbert werden. Die Angestellten fanden ihn schließlich im Gespräch mit einer Ente. Dann mussten wir den Hund suchen. Das war nicht so einfach, wie man annehmen sollte, doch schließlich fanden wir ihn im Zimmer einer anderen Bewohnerin – in dem von Agnes –, die uns erklärte, dass sie es übernommen habe, sich um das Hündchen zu kümmern, seit klar geworden sei, dass Jim es nicht mehr könne.

Der Hund hieß Trixie und war ein wild gewordener Wischmopp. Wohlgemerkt, das sind nicht meine Worte, sondern die von Agnes.

»Ich hasse wild gewordene Wischmopps«, sagte sie.

»Kleine, fiese, kläffende Dinger, wie Pfeifenreiniger auf Anabolika.« Ich erwiderte nichts darauf, da ich nicht wusste, wie Pfeifenreiniger aussehen. Beim Thema Anabolika kannte ich mich auch nicht wirklich aus. Es spielte keine Rolle, da Agnes richtig in Fahrt war. »Sie halten sich für die Größten und dabei könnte jede Durchschnittskatze sie fressen. Ein klarer Fall von Selbstüberschätzung. Ein bisschen wie mein erster Mann. Und mein zweiter ...« Sie machte eine Handbewegung, als lehnte sie Ehemänner im Allgemeinen ab. »Aber sie ist ein Hund. Nur gerade eben, klar, aber dennoch ein Hund. Und deshalb besser als neunundneunzig Prozent der Menschheit.« Sie bohrte mir einen knochigen Finger in die Brust, was ich einigermaßen ungerecht fand, da ich nicht einmal versucht hatte, ihr zu widersprechen. »Ein Hund liebt dich und hat keine Hintergedanken. Ob du ihn schlecht behandelst, ihn ignorierst, ihn gar misshandelst – Gott bewahre! –, ein Hund hält dich immer noch für das Beste, was ihm passieren konnte. Menschen sind abscheulich. Hunde sind wunderbar.«

Ich warf Großvater einen Blick zu.

»Okay, vielleicht lag ich falsch«, gab er zu. »Vielleicht ist Jim der Nächste.«

»Was?«, fragte Agnes.

»Nichts«, antworteten Pop und ich gleichzeitig.

»Dann komm jetzt«, forderte sie mich auf. »Bist du beschränkt oder was? Trixie mag ja ein wild geworde-

ner Wischmopp sein, aber sie liebt ihre Spaziergänge.«
Sie gab mir eine kleine Leine und ein paar Kacktüten.
»Und sie kackt wie eine Große«, fügte sie hinzu.

Trixie unter Kontrolle zu halten, war alles andere als
einfach. Agnes hatte recht gehabt. Dieser Köter war
zwar winzig, schien aber keine Ahnung zu haben, dass
er in potenziellen Konfliktsituationen entschieden im
Nachteil war. Er bellte Autos an. Kläffte Motorräder an.
Wäre es anatomisch möglich gewesen, hätte er einem
tätowierten Biker wahrscheinlich den Stinkefinger gezeigt und gesagt: »Komm schon, Alter. Du glaubst, du
wirst mit mir fertig? Versuch's doch.«
    Ich versuchte, ihn entlang der Wege im Park zu füh-
ren, doch andere Hundebesitzer taten dasselbe, und für
Trixie schien die Anwesenheit eines anderen Hundes
eine persönliche Beleidigung darzustellen. Es war Trixies Park. Ihr Revier. Wie ein Drogenbaron hatte sie
etwas gegen Konkurrenz und ließ das jeden gern wissen. Ich verbrachte die meiste Zeit damit, mich zu entschuldigen.
    Dann sah ich Destry Camberwick. Sie bog um eine
Ecke und ein Orchester begann zu spielen. Mein peri-
pheres Sehvermögen schwand, und ich sah sie wie durch
einen Tunnel, strahlend, fantastisch und unwahrscheinlich perfekt. Dann sah ich ihren Hund und das
Orchester gab auf.

Du meine Fresse! Das Teil war riesig. Ich kenne mich mit Hunderassen nicht aus, aber das war wahrscheinlich ein *Hundus verknorktus maximus*. Ich habe im Fernsehen schon kleinere Wrestler gesehen. Er trottete den Weg entlang, verdunkelte die Sonne und verursachte jedes Mal, wenn er eine Pfote auf den Asphalt aufsetzte, spürbare Erschütterungen. Seine Muskeln hatten Muskeln. Ich blickte auf Trixie hinunter.

Sie hatte ein Glitzern in den Augen, als hätte man ihr endlich einen ebenbürtigen Herausforderer präsentiert. Ich hatte ein mulmiges Gefühl bei der Sache.

Destry und ich waren auf Kollisionskurs, was mir recht war. Trixie war es nicht recht. Sie drehte sich an der Leine im Kreis und steigerte sich in eine Kläfforgie hinein. Stell dir eine vom Teufel besessene, zwergenhafte Person vor und du bekommst eine Ahnung von ihrer Wut. Sie hängte sich in die Leine. *Lass mich zu ihm*, rief ihre Körpersprache. *Du hältst dich für taff, Alter? Ich trete dir in den Arsch.*

Destrys Hund machte Sitz und legte den Kopf schräg. Ich entwickelte mich zu einem gewieften Hundeübersetzer. *Was ist das für ein komischer wild gewordener Wischmopp? Wie amüsant. Ist er das Abendessen oder nur die Vorspeise?*

Ich lächelte Destry zu und sie lächelte zurück. Vielleicht konnte ich doch noch einen Vorteil daraus ziehen. Ich öffnete den Mund, um etwas zu sagen, und plötzlich brach mir der Schweiß aus, und mir wurde schwindelig. Das war absurd. Ich *kann* schließlich reden. Es ist nur eine Frage der Kontrolle.

»Es tut mir leid«, brachte ich schließlich heraus, und ich glaube, meine Stimme hat kein bisschen gezittert. »Sie kann ihre eigene Kraft nicht einschätzen.«

Es war offensichtlich, dass Destry keine Ahnung hatte, wer ich war. Nicht einmal die Tatsache, dass ich in der Schule gegen einen Basketballpfosten gelaufen war und den ganzen Platz vollgeblutet hatte, war bei ihr hängen geblieben.

Fast hätte ich aufgegeben. Aber ich tat es nicht. Ihr Lächeln erlosch und sie wollte an mir vorbeigehen. Ich wusste, dass ich mir etwas einfallen lassen musste, um sie aufzuhalten.

Zugegeben, unter Druck bin ich nicht in Bestform.

»Mein Hund könnte deinen töten«, stammelte ich in ihren Rücken (der zufällig perfekt war).

Da blieb sie stehen.

Sie drehte sich zu mir um. »Bitte?« Das erste Wort, das ich aus ihrem Mund hörte. Es war Musik in meinen Ohren. Viel besser als Musik. Es war Engelsgesang. Ich schloss kurz die Augen.

»Ich glaube, mein Hund könnte deinen töten«, wiederholte ich.

Sie schaute mich an. Ihr Hund schaute mich an. Trixie hörte endlich auf zu kläffen und schaute mich an.

Etwas war geboten, doch ich hatte keine Ahnung, was. Also versuchte ich ein breiteres Lächeln.

»Eine Erklärung wäre ganz gut«, sagte Destry.

»Unbedingt.« Ich nickte wie ein Irrer. Sie hatte ja so recht, und ich wünschte, jemand könnte sie liefern.

»Und?«, hakte sie nach.

»Gut. Danke. Und du?«

»Nein. Die Erklärung.«

»Bitte?« Selbst ich fand meinen Versuch, Zeit zu schinden, erbärmlich und peinlich.

»Wie könnte dein Hund meinen Hund töten?«, fragte sie.

»Oh, das.« Ich schaute ihren Hund an und dann meinen. Ein paar Sekunden verstrichen.

»Durch Ersticken«, antwortete ich schließlich. »Wenn Trixie ihm im Hals stecken bliebe.«

Ich schleppte mich (und Trixie) zu Großvaters Apartment zurück. Mein Blick war fest auf den Bürgersteig gerichtet, meine Stimmung so niedergeschlagen wie meine Augen, als ein Schatten über den Weg fiel und dort blieb. Ich blickte auf.

»Willste gegen mich antreten, Fitzgerald? Hm? Willste? Komm schon, sei ein Mann. Pass auf, ich lass dir den ersten Schlag. Was sagste dazu? Hat's dir die Sprache verschlagen?«

Ich öffnete den Mund, doch es kam nichts heraus.

»Dass ich euch Jungs hier treffe!«, ertönte eine vertraute Stimme. »Alles gut? Alles okey-dokey?«

»Ja, Miss Pritchett«, antwortete Daniel Smith.

»Ja, Miss Pritchett«, antwortete ich, obwohl ich nur eine vage Vorstellung von der Bedeutung des Ausdrucks okey-dokey hatte. Jede Wette, dass Daniel es für eine Fischsorte hielt.

»Gut. Dann lauft mal schön weiter.«

Wir liefen. In entgegengesetzte Richtungen, was mir sehr recht war.

18

»Andrew?«

Er knurrte, was morgens manchmal alles ist, was man aus ihm herausbekommt.

»Glaubst du, Miss Pritchett hat Superkräfte?«

»Wovon redest du?«

Ich zuckte mit den Schultern. »Weiß nicht. Vielleicht ein superempfindliches Gehör? Oder übernatürliche Kräfte. Die Fähigkeit, sich über Zeit und Ort hinwegzubewegen, wenn sie spürt, dass jemand in Schwierigkeiten ist und sofort Hilfe braucht. Röntgenblick ...«

»Manchmal mache ich mir Sorgen um dich, Alter«, sagte Andrew. »Im Ernst. Manchmal wache ich schweißgebadet auf und mache mir Sorgen um dich.«

»Echt?«

»Nein.«

»Aber ...«

»Halt die Klappe, Rob.«

»Okay.«

Ich musste ohnehin nachdenken. Es war Zeit, meine Strategien neu zu bewerten. Drei hatte ich gehabt. Erstens: Ich würde Destry mit meinen sportlichen Fähigkeiten so was von beeindrucken. Das war immer noch eine Möglichkeit. Das Fußballspiel fand am nächsten Tag statt und ich war von Mal zu Mal besser geworden. Das Gedicht war als Reserve gedacht, erwies sich allerdings als schwierig. Ich konnte Aufsätze schreiben. Ich konnte Kurzgeschichten schreiben. Ich konnte sogar Gedichte über das Leben schreiben, über das Universum und die Sinnlosigkeit der Existenz. Aber ich konnte kein Gedicht schreiben über die Gefühle, die Destry Camberwick bei mir auslöste.

Dann war da die Sache mit dem Hund, die nicht eben gut begonnen hatte. Okay, sie hatte mit mir geredet. Siebzehn wunderbare Wörter, die in meiner Erinnerung ewig leben würden. *Eine Erklärung wäre gut.* Steckte hinter dieser Aussage eine geheime Botschaft? Wollte sie mir etwas damit sagen? Möglich wäre es.

»Andrew?« Er hatte mir gesagt, ich solle den Mund halten, aber das jetzt war wichtig. Er kennt sich mit Mädchen aus und weiß, wie sie ticken. Wenn mir jemand eine Antwort darauf geben konnte, war es Andrew.

Er knurrte.

»Wenn ein Mädchen sagt, ›eine Erklärung wäre gut‹, wenn du ihr sagst, dass dein Hund ihren Hund töten könnte, will sie damit etwas ausdrücken? Hat es, du weißt schon, eine geheime Bedeutung?«

»Rob. Halt die Klappe.«

»Okay.« Ich verbuchte das als Nein und wandte mich wieder meinen Strategien zu.

Das Gassigehen mit Trixie würde ich wahrscheinlich aufgeben müssen. Klar, es wäre der perfekte Vorwand, immer wieder mit Destry zusammenzutreffen, aber der Unterschied zwischen unseren Hunden war einfach zu extrem. Es heißt, ein Hund sei das Spiegelbild seines Besitzers. Würde Destry mich als geistig minderbemittelt ansehen, weil ich einen wild gewordenen, hysterisch kläffenden Wischmopp durch die Gegend zerrte? Als jemanden, der keine Vorstellung davon hat, wie jämmerlich er wirkt? Vielleicht lag sie damit gar nicht so falsch. Ich spielte nicht in Destrys Liga, genauso wenig wie Trixie in ... welcher verknorkten Liga auch immer Destrys Hund spielte. In der »Liga der bulligen Mastiffs, die man mit einem Elefanten verwechseln könnte«. Andererseits war es vielleicht gar keine so gute Idee, sich mit ihr einzulassen, wenn Destry ihrem Hund glich. Sie könnte mich töten. Aber was wäre das für ein Abgang ...

»Ich glaube, du brauchst etwas anderes«, meinte Andrew. Ich wartete. Er hatte gesagt, ich solle den Mund halten, und das respektierte ich. Er wies mit dem Finger auf mich. »Das mit dem Fußball ist gut. Ich kann's nicht glauben, wie gut du im Training warst. Mach das, was du heute getan hast, morgen beim Spiel, und sie muss einfach beeindruckt sein.«

»Echt?«

»Garantiert. Das mit dem Sport wird funktionieren.« Er hob eine Hand und reckte einen Finger in die Höhe. »Punkt eins: Sport.« Der nächste Finger folgte. »Das Gedicht. Superidee. Du bist das Englischgenie der Milltown High und kein Mädchen kann einem romantischen Gedicht widerstehen.«

Ich hätte die Zeilen mit dem Stuhl Petri und dem Zaubertrick zitieren können, hatte aber das Gefühl, es sei besser, den Mund zu halten.

»Das Hundeausführen beweist, dass ihr seelenverwandt seid, was die Liebe zu Hunden betrifft.« Er reckte den dritten Finger in die Höhe. »Nach dem, was du so erzählt hast, ist dein Hund allerdings ein bisschen dürftig. Könntest du dir einen anderen ausleihen, der ihrem eher entspricht?« Es war geradezu unheimlich, wie sehr Andrews Analyse meiner glich. Allerdings, ich habe es vielleicht schon erwähnt, sind wir schließlich beste Freunde. Aber ich hatte diese Idee ebenfalls gehabt und sie wieder verworfen.

»Nö«, antwortete ich deshalb. »Erstens gibt es kein gutes Bild ab, wenn man seine Hunde wie Unterwäsche wechselt. Einem Tierfreund käme das definitiv verdächtig vor. Einen Hund hat man 365 Tage im Jahr und nicht nur an Weihnachten, wie es immer heißt. Außerdem glaube ich nicht, dass es noch andere Hunde wie den von Destry gibt. Er ist ein Mutant, Andrew. Ich habe schon Geländewagen gesehen, die kleiner waren. Ich ...«

»Okay. Vielleicht genügt es, dass du dich als Tierfreund geoutet hast. Aber ...« Er hob den vierten Finger. »Wie steht es mit dem inneren Menschen, Rob?«

»Ich kann dir nicht folgen.«

»Sportlich, Bücherfreund, Tierfreund, aber wie sieht es mit deinen *Überzeugungen* aus? Mit deinen Werten? Deiner Spiritualität?«

»Was ist damit?«

»Ich glaube, du brauchst eine Passion. Vielleicht eine politische Haltung. Etwas, das beweist, dass hinter dem herausragenden Sportler, dem talentierten Dichter und dem Hundefanatiker eine mitfühlende Seele steckt, jemand, der bestrebt ist, die Welt zu einem besseren Ort zu machen.«

»Ich möchte die Welt wirklich zu einem besseren Ort machen, Andrew.«

»Dann zeig's uns. Zeig ihr, wie du es machen willst.«

Er ist clever, dieser Andrew. Und ich ahnte ja nicht, dass seine Worte mein Leben auf den Kopf stellen würden.

Habe ich schon erwähnt, dass wir beste Freunde sind?

Ich schlief tief und fest, als mein Handy piepte. Eine SMS.

Ich tastete nach dem Lichtschalter. 23:42 Uhr. Wer zum Teufel schickte mir zu dieser nachtschlafenden Zeit eine SMS? Die Nummer wurde im Benachrichtigungsfeld angezeigt, was bedeutete, dass sie niemandem aus meiner Kontaktliste gehörte. Ich öffnete die SMS.

Fürchte die Angst nicht. Sie will dir nur sagen,
dass etwas es wert ist, getan zu werden.
Möge das Glück dir morgen beim Spiel hold
sein, Rob.

Ich schrieb zurück:

Wer bist du?

Ich erhielt keine Antwort, obwohl ich noch eine geschlagene halbe Stunde wach blieb.

19 Der Tag des Spiels. Die Milltown High gegen St. Martin. Dieses Jahr fand es an unserer Schule statt, wobei der Heimvorteil in der langen Geschichte der jährlichen Spiele sich noch nie wirklich als Vorteil erwiesen hatte. Im Grund ist das Spiel eine abgekartete Sache.

Weshalb? Milltown ist eine ganz gewöhnliche staatliche Schule. Versteh mich nicht falsch, sie ist super. Die Schüler besitzen eine breite Palette an akademischen Fähigkeiten und eine genauso breite Palette an ethnischen Hintergründen. Genau deshalb ist die Schule so super. Hier findet man alle Spielarten des menschlichen Lebens. St. Martin dagegen ist eine Privatschule. Sie verlangt einen Haufen Schulgeld und verspricht dafür Spitzenleistungen. Allerdings ist ihr Notendurchschnitt in der zwölften Klasse nicht ganz so gut wie unserer. Die Spitzenleistungen beziehen sich auf die Ausstattung: eine fantastische Bücherei, zum Teil finanziert von einem Regierungsmitglied, das die Schule früher besucht hat; ein Schwimmbecken mit olympischen Maßen, das von Ian Thorpe, dem erfolgreichsten australischen Schwimmsportler, persönlich eröffnet wurde; eine supermoderne Aula, die als Hörsaal und Theater genutzt werden kann und tausend Leute fasst.

Unsere Schule ist auf Container angewiesen, von denen einige asbestverseucht sind.

Kein Mensch weiß, wie das Match St. Martin gegen Milltown überhaupt angefangen hat oder wie es zu einer jährlichen Tradition wurde. Vielleicht liegt es einfach darin begründet, dass die Leute mit Geld die Gewissheit haben wollten, dass sie denen ohne Geld überlegen sind. Falls es so war, wurde ihr Weltbild nicht erschüttert. Milltown hatte St. Martin noch nie geschlagen. Noch gar nie. Die Ergebnisse der letzten fünf Jahre waren 15:0, 17:0, 21:0, 24:0 und 14:0. Wenigstens letztes Jahr haben wir uns gesteigert. Und warum dieses schreckliche Debakel? Weil St. Martin einen richtigen Profifußballplatz und eine Trainingshalle hat sowie eine Fachkraft, die einmal Kotrainer der Nationalmannschaft der U17 war, und einen Sportpsychologen. Milltown hat Loser wie mich und einen kleinen Schuppen am Spielfeldrand, der als Umkleidekabine dient und nach Pisse riecht.

Ich dachte über Ungerechtigkeit nach, als wir beobachteten, wie die Mannschaft von St. Martin aus ihrem schuleigenen Bus stieg. Unsere Nationalmannschaft wäre angesichts dieses Transportmittels vor Neid erblasst. Ich weiß auch, dass St. Martin mehr Geld pro Schüler von der Regierung erhält als unsere gesamte Schule, und wir haben jede Menge Schüler mit Förderbedarf. Je nachdem, mit wem man spricht, gehöre auch ich dazu. Und St. Martin erhebt zusätzlich Schulgeld in Höhe von 25.000 Dollar pro Jahr. Wir bitten die Eltern um 50 Dollar, damit Bücher für die Bücherei angeschafft werden können, aber die wenigsten machen das Geld locker.

Kein Wunder, dass sie uns fertigmachen.

Das ganze System ist eine abgekartete Sache.

20

»Großvater«, begann ich, »ich brauche etwas, woran ich glauben kann.«

»Ich auch«, erwiderte Pop. »Ich glaube, ich genehmige mir noch ein Bier.« Er holte eine Flasche aus dem Kühlschrank, öffnete sie und nahm einen kräftigen Schluck.

»Ich meine es ernst.«

»Ich auch. Wenn es um Bier geht, habe ich noch nie Witze gemacht.«

Ich setzte mich auf Großvaters Couch und schaute aus dem Fenster. Es war ein herrlicher Nachmittag und das Gelände um das Altenheim herum ist richtig schön. Wege schlängeln sich zwischen Beeten hindurch und in dem See in der Mitte ist ein leicht funktionsgestörter Springbrunnen. Selbst aus der Entfernung erkannte ich Jim, der mit einer Ente redete. Es war friedlich. Nicht für die Ente, die etwas erregt zu sein schien. Oder vielleicht auch nur ratlos.

»Gibt es irgendetwas«, fragte ich mehr mich selbst als sonst jemanden, »das leicht zu bewerkstelligen wäre und die Welt zu einem Ort mit weniger Leid und Ungleichheit machen würde?«

»Selbstverständlich gibt es verknorkt noch mal etwas«, antwortete Großvater. »Das Einfachste von der Welt.«

Ich wartete, aber er schien fertig zu sein. Er setzte sich in den Sessel mir gegenüber, starrte auf die Wand und saugte an seinen Zähnen. Ich musste nachhaken, und sei es nur, um das Pfeifen abzustellen.

»Und das wäre?«

»Was?«

»Was wäre das?«

»Was wäre was?«

»Manchmal weiß ich nicht, warum ich mit dir rede, Großvater.« Ich versuchte nicht einmal, den Ärger aus meiner Stimme herauszuhalten. Fast wäre es mir lieber gewesen, er hätte wieder gepfiffen.

»Ich auch nicht.«

Ich atmete tief durch.

»Was ist das Einfachste, womit man die Welt zu einem Ort mit weniger Leid und Ungleichheit machen kann?«

»Gemüse«, antwortete Großvater.

»Gemüse?«, hakte ich nach. Ich wusste, ich sollte es nicht tun, da es ihn nur zum Weiterreden animierte.

»Ich meine nicht die Insassen in diesem Alte-Fürze-

Palast. Ich rede von Vegetarismus. Ich rede davon, wie Fleischfresser wie du den Planeten zerstören.«

Plötzlich beugte er sich vor und zeigte mit der Bierflasche auf mich.

»Weißt du, was meiner Ansicht nach die größte verknorkte Lüge ist, die von Leuten verbreitet wird, die es besser wissen müssten?« Ich öffnete den Mund, um etwas zu antworten, doch das war anscheinend nicht nötig. »Dass junge Leute besser informiert sind und umfassender Zugang zu Nachrichten und Informationen haben als jede Generation vor ihnen. Offen gesagt, Rob, seid ihr ein Haufen verknorkter Idioten, die selbst mit einer Taschenlampe und einer Straßenkarte ihr eigenes Arschloch nicht finden würden.«

»Danke für den Vertrauensbeweis, Pop.«

»Siehst du dir jemals die Nachrichten an? Im Fernsehen oder wahrscheinlich auf diesen verknorkten Telefonen, die man euch offenbar mit Sekundenkleber an die Finger gepappt hat?«

»Natürlich!« In meinem Ton schwang definitiv Entrüstung mit. »Also, nein, wenn ich es mir recht überlege. Selten.«

»Dann geh an dein Raspberry-Telefon oder dein iPack und google: *Was würde passieren, wenn die Welt vegetarisch würde?* Los, google es. Du wirst sprachlos sein.«

Ich tat es.

Ich war es.

21

Die ganze Schule fand sich zu dem Spiel ein, weil sie keine andere Wahl hatten.

Fast ganz St. Martin erschien ebenfalls in rund fünfzig gecharterten Bussen. Die Schüler in ihren braunen Uniformen und Strohhüten verließen die Busse in Reih und Glied. Sie hielten kleine Banner in der Hand, auf denen Flagge und Motto von St. Martin prangten. Ihr Motto ist natürlich auf Lateinisch und lautet übersetzt: »Wir haben haufenweise Geld und sind viel besser als ihr mit euren hässlichen Arbeiterklasse-visagen.« Milltown High kann sich kein Motto leisten, nicht einmal eines in australischem Englisch, aber wenn wir eines hätten, lautete es wahrscheinlich: »Wassis?«

Die St. Martin-Schüler nahmen sämtliche Plätze auf der einen Seite des Spielfelds ein. Sitzplätze ringsherum konnten wir uns nicht leisten, und als gute Gastgeber überließen wir ihnen das, was wir hatten. Das bedeu-tete, dass unser Haufen im Dreck entlang der Seitenlinie gegenüber den St. Martin-Fans stehen musste, die kleinsten Schüler vorn, die größeren weiter hinten. Die St. Martiner schwenkten ihre kleinen Banner und wirkten vergnügt, wahrscheinlich weil sie sich dieses Jahr anstrengen und vierzig Tore schießen wollten. Unsere Fans standen mit gequältem Gesichtsausdruck da. Hätte man ihnen vor Beginn des Spiels ein 40:0-Ergebnis angeboten, sie hätten es akzeptiert, und sei es nur, damit wir alle nach Hause gehen konnten.

Ich ging früh aufs Spielfeld, während meine Mannschaftskameraden sich noch umzogen. Ich hatte mein Trikot den ganzen Tag unter meiner Schuluniform getragen, was verflixt heiß war. Ich schaute mich nach Destry Camberwick um, konnte sie aber nirgendwo entdecken. Dafür sah ich Andrew. Er gab mir ein dickes Thumbs-up. Eine Ganzkörperpanzerung wäre mir lieber gewesen. Oder falls das nicht möglich war, ein großes Loch, das mich verschluckte. Jetzt, da das Spiel in wenigen Minuten beginnen würde, kämpfte ich gegen eine Panikattacke. Ich hatte keine Schmetterlinge im Bauch, sondern Keilschwanzadler.

Ich schloss die Augen und konzentrierte mich auf meine Atmung.

Die Spieler beider Mannschaften strömten zu mir heraus und wir stellten uns an der Mittellinie auf und sangen die australische Nationalhymne. Das heißt, St. Martin sang. Keiner aus meiner Mannschaft konnte den Text, bis auf »let us rejoice« und »girt by see«, womit man nicht besonders weit kommt und deshalb die meiste Zeit irgendetwas nuschelt. Dann schüttelten wir uns die Hände.

Das ist das Problem mit St. Martin. Vielleicht ist es das Problem mit allen Privatschulen. Sie vermitteln den Eindruck, zivilisiert, anständig und freundlich zu sein, doch bei genauem Hinsehen kommt die Wahrheit heraus. Diese Jungs (und manche sahen aus, als seien sie in ihrer Freizeit Stürmer bei den Kiwis, der neuseeländischen Rugby-League-Nationalmannschaft, oder hätten Jobs als Nachtclub-Türsteher) versuchten uns die Hände zu zerquetschen, als sie sie schüttelten. Sie blickten uns tief in die Augen, als wollten sie in Wirklichkeit nur eines: uns die Hände in den Rachen stecken und unser Innerstes nach außen stülpen. Vielleicht kam da der Sportpsychologe ins Spiel. Nachdem wir einander die Hände geschüttelt hatten, wusste ich, dass unsere gesamte Mannschaft einer Panik nah und jetzt schon am Boden zerstört war. Hinter der Seitenlinie sangen die St. Martin-Schüler ihre Schulhymne. Unser Haufen sah aus, als säße er lieber im Matheunterricht und plagte sich mit Differenzialgleichungen ab, anstatt hier zu sein.

Wir gewannen bei der Seitenwahl (das Einzige, was wir gewinnen *konnten* – danach hätten wir sofort aufhören sollen) und entschieden uns für den Anstoß. Ich glaube, das taten wir, um wenigstens sagen zu können, dass wir den Ball ein Mal in ihrer Hälfte hatten. Ich trottete zu meinem Tor zurück und hüpfte auf den Zehenspitzen auf und ab. Destry sah ich immer noch nicht, dafür aber Großvater. Er hatte die Rektorin gefragt, ob er bei dem Spiel zuschauen dürfe, was höflich abgelehnt wurde (so höflich, wie ein Brüller oder Beller es eben erlaubte). Zutritt hätten nur Schüler und Lehrkräfte, hatte man ihm mitgeteilt. Man könne nicht alle Eltern und Verwandten kommen lassen, dafür reiche der Platz ganz einfach nicht. Tut uns sehr leid. Wir hoffen, Sie haben Verständnis dafür. Großvater hatte Verständnis, gar keine Frage. Er kümmerte sich nur nicht um die Absage. »Was wollen sie tun?«, fragte er mich später. »Mich mit dem Elektroschocker attackieren? Einen achtzigjährigen Kriegsveteranen mit einer schlimmen Hüfte? Das würde sich verknorkt super in den Abendnachrichten machen.« Also war er da und hatte es, soweit ich es beurteilen konnte, geschafft, nicht mit einem Elektroschocker in Berührung zu kommen. Ich freute mich wirklich, ihn zu sehen, woran deutlich wird, wie verzweifelt ich war.

Der Schiedsrichter blies in seine Pfeife. Unser Mittelstürmer kickte den Ball direkt zum Gegner und St. Martin ging zum Angriff über.

Während der nächsten neunzig Minuten war ich sehr beschäftigt. Und ich meine *beschäftigt*.

22 Also, was würde mit der Welt geschehen, wenn alle Menschen Vegetarier würden?

Die Viehhaltung für den menschlichen Verzehr produziert weltweit ein Drittel aller Treibhausgase. Ein Drittel!

Eine vierköpfige amerikanische Durchschnittsfamilie stößt aufgrund ihres Fleischverzehrs mehr Treibhausgas aus als aufgrund der Tatsache, dass sie zwei Autos fährt. Die Leute reden davon, das Autofahren einzuschränken (und das sollten sie auch), aber niemand redet davon, die Anzahl der Steaks auf dem Grill zu reduzieren. Es gibt ungefähr eineinhalb Milliarden Kühe auf der Welt und jede Kuh produziert täglich zwischen 30 und 50 Gallonen Methangas. Das macht ... Ich bin nicht gut in Mathe, das sagte ich bereits ... eine enorme Menge Methan. Es kommt von ihrem Dung, ihren Rülpsern und ihren Fürzen. Methan ist ein Treibhausgas. Das Steak, das du in deinem Supermarkt am

Ort kaufst, erwärmt die Erde, weil es eine Vergangenheit als Mist, Rülpser und Fürze hat.

Nutztiere nehmen riesige Flächen in Anspruch, die anderweitig genutzt werden könnten. Auf der Erde stehen knapp fünf Milliarden Hektar landwirtschaftlicher Boden zur Verfügung. Fast siebzig Prozent davon wird für die Aufzucht von Nutzvieh gebraucht, das wir dann essen. Ein Drittel des Getreides, das auf der Erde produziert wird, landet direkt im Magen dieser Tiere, die damit gemästet werden. Würde dieser Boden für andere Kulturpflanzen genutzt, bräuchte niemand auf der Welt mehr zu hungern. Fast eine Milliarde Menschen haben nicht genug zu essen. Jedes Jahr sterben zweieinhalb Millionen Kinder, weil sie nicht genügend Nahrung bekommen. Sie sterben zu einem großen Teil, weil wir in den Erstweltländern Fleisch essen wollen.

Tierquälerei habe ich noch nicht einmal erwähnt. Aber das kommt noch. Verlass dich drauf.

Das alles habe ich innerhalb von zehn Minuten gelernt. Ich hab's auf meinem iPack gegoogelt.

23 Pass auf. Die Mitglieder unserer Mannschaft sind alle gute, aufrichtige Jungs mit vielfältigen Talenten (kleines Eingeständnis: Ich stelle Vermutungen an, denn ich kenne keinen von ihnen wirklich), doch mit Ausnahme von mir wurden sie alle zwangsverpflichtet. Kein Einziger wollte je in eine körperliche Auseinandersetzung mit Individuen aus dem St. Martin-Team verwickelt werden, die, wie ich bereits erwähnt habe, so breit gebaut waren wie DIXI-Klos.

Woher ich das weiß? Erstens aufgrund der entsetzten Mienen meiner Mannschaftskameraden. Sie sahen aus wie entlaufene Sträflinge, die sich durch einen Sumpf quälen und in der Ferne das Bellen der Wachhunde hören. Zweitens, weil sie während der ersten Halbzeit jeglichen Kontakt mit dem Gegner vermieden. Sie wollten nicht einmal *in der Nähe* eines St. Martin-Spielers sein. Hätten Tische auf dem Spielfeld gestanden, sie wären draufgesprungen und hätten gekreischt. Da dies nicht ging, traten sie vor dem ersten Angriff von St. Martin einfach zur Seite. Man hörte gemurmelte Entschuldigungen wie »Sorry, bin ich im Weg?«, und einer meiner Verteidiger brachte sogar einen roten Teppich zum Vorschein, auf dem die Gegner angaloppieren konnten. Ich übertreibe nur ganz leicht. Folglich sah ich vier St. Martin-Angreifer auf mich zu stürmen. Stell dir eine Herde Elefanten vor, die eine Maus jagen, und du hast das Bild vor Augen.

Ich will jetzt nicht den Eindruck erwecken, als sei ich mutig und meine Mannschaftskameraden seien Feiglinge. Doch ich hatte ihnen gegenüber einen gewaltigen Vorteil. Motivation. Ich ließ mich von Andrews Worten inspirieren. Destry Camberwick stand hinter mir im Tor: rein, unschuldig und wunderschön. Sie würden ihr den Ball ins Gesicht schießen. *Ich bin der Hüter ihres Gesichts*, sagte ich mir. Sie wird nicht leiden. *ICH WERDE NICHT ZULASSEN, DASS SIE LEIDET*. Möglich, dass ich ein Kriegsgeheul ausstieß. Ich verließ jedenfalls rasch meine Linie und warf mich auf den Ball, klaubte ihn von den Zehen des Stürmers, presste ihn an meinen Bauch und hielt ihn fest, als hinge mein Leben davon ab. Der Stürmer stolperte über mich, zog dabei seine Stollen über meine Wange und knallte gegen den Torpfosten.

Der Pfosten überstand den Zusammenprall gut, der Stürmer weniger. Er musste vom Platz getragen werden, wozu sie fast einen Kran gebraucht hätten. Es waren gerade mal dreißig Sekunden vergangen und schon war ich einen losgeworden. Obwohl ich in Mathe nicht sehr gut bin, war ich in der Lage auszurechnen, dass ich ihre Mannschaft innerhalb von fünf Minuten auf null reduzieren konnte, wenn ich so weitermachte. Mit dem Ergebnis, dass in meiner Mannschaft elf Spieler waren, in der gegnerischen keine. Selbst Milltown konnte innerhalb von fünfundachtzig Minuten gegen keinen Gegner ein Tor erzielen.

Oder?

Leider hatte ich noch nie etwas von Ersatzspielern gehört. Wir hatten keine Ersatzspieler. Bei St. Martin standen zehn bereit, und alle sahen aus, als würden sie ihre eigene Mutter opfern, um auf den Platz zu dürfen. Einer zog auch prompt seinen Trainingsanzug aus (ein Trainingsanzug!) und wärmte sich an der Seitenlinie auf. Soweit ich es beurteilen konnte, wurde zum Glück niemand geopfert.

Ich boxte den Ball über die Querlatte und um die Pfosten herum, warf mich hierhin und dorthin. Ich rettete einen Strafstoß. Andrew behauptete später, dass während der ersten Halbzeit viele aus meinem Team sich über weite Strecken hinsetzten und mir das Feld überließen. Ein paar zogen anscheinend ihre Handys heraus und checkten ihre Nachrichten.

Fast hätten wir die erste Halbzeit überstanden, ohne

ein Tor zu kassieren, doch ein paar Minuten vor der Pause bekam St. Martin eine Ecke. Ihr Flügelspieler warf den Ball in Richtung Strafpunkt, und ich kam, um ihn mir zu holen. Ich timte meinen Sprung exakt und hatte den Ball fast schon in den Händen, als alle Lichter ausgingen. Als ich wieder zu mir kam, lag ich lang ausgestreckt auf dem Rücken, und der Ball war im Netz. Mr Broadbents Gesicht schwebte über mir, was einigermaßen beängstigend war, da ich es nicht erwartet hatte. Es ist, um ehrlich zu sein, auch unter idealen Bedingungen einigermaßen beängstigend.

»Alles in Ordnung, Rob?«, fragte er. Ich ächzte, und er drückte mir einen eiskalten Schwamm ins Gesicht, was ich auch nicht erwartet hatte. »Das war eindeutig ein Foul«, murmelte er. »Der Kerl hat seinen Ellenbogen eingesetzt und ihn dir ins Gesicht gerammt. Hätte vom Platz gestellt werden müssen. Stattdessen steht es jetzt eins zu null. Kannst du aufstehen?«

Ich stand auf, aber nur, weil er seine rechte Hand mit dem eiskalten Schwamm hob, als wollte er ihn wieder zum Einsatz bringen. Ich schwankte ein wenig, doch zum Glück pfiff der Schiedsrichter zur Halbzeit ab, und so setzte ich mich wieder. Der Rest der Mannschaft gesellte sich zu mir. Nach dem, was ich mit meinem guten Auge erkennen konnte (das andere schwoll rasch zu), waren sie erstaunlich frisch und sauber. Ich glich einer kleinen Schlammlawine.

Mr Broadbent räusperte sich und setzte dann zu seiner Halbzeit-Motivationsrede an.

»Ihr seid alle miteinander die letzten Heuler«, begann er.

Meiner bescheidenen Meinung nach nicht der motivierendste Einstieg.

»Kämpft, Jungs, kämpft«, fuhr er fort. »Nehmt euch ein Beispiel an Rob. Einige von euch schwitzen nicht mal, aber schaut euch Robs Gesicht an. Schaut es euch an. Es ist schockierend. Es ist ekelhaft blutig und verschwollen ...«

Das gefiel mir gar nicht. Fast hätte ich ihn gebeten, still zu sein und mir noch einmal den Schwamm ins Gesicht zu drücken. Doch seine Worte verloren sich. Ich war müde. Ich war entsetzlich müde.

Es ist wahrscheinlich klug, einen Schleier über die zweite Halbzeit zu legen. Wir verloren 4:0, auch wenn unsere Mannschaft tatsächlich anfing zu kämpfen. Vielleicht hatte Mr Broadbent doch Ahnung von Motivationsreden. Das Problem war nur, dass die Gegner fit waren und wir nicht. Uns ging das bisschen Power aus, das wir hatten, und in den letzten zehn Minuten des Spiels waren wir nur noch Verwundete, die sich mit Mühe auf den Beinen halten konnten – es waren die zehn Minuten, in denen sie noch drei Tore schossen.

St. Martin freute sich wahnsinnig. Über weite Teile des Spiels waren sie nicht viel besser als wir einfache

Milltownianer, zumindest was den Spielstand betraf. Sobald sie uns geschlagen hatten, war ihre Welt wieder in Ordnung. Sie gingen zurück zu ihrem Schwimmbecken mit Olympiamaßen, ihren Sportstätten und ihrem digitalen Unterhaltungszentrum in dem beruhigenden Wissen, dass die soziale Ordnung intakt war.

Doch wir hatten Stolz verspürt. Wir hatten unser Bestes gegeben, und nur 4:0 zu verlieren, fühlte sich an wie ... ganz ehrlich: Es fühlte sich an wie Sieg.

Nur schade, dass Destry Camberwick nicht da war, um ihn mit uns zu teilen. Zehn Minuten vor dem Anpfiff wurde ihr übel und ihre Mutter kam und brachte sie nach Hause. Ich hätte gelacht, doch mein Gesicht war zu zerschlagen und verschwollen und tat zu sehr weh.

24

Eine Woche nach unserem Spiel gegen St. Martin erhielt ich eine weitere SMS des anonymen Absenders.

Rob, du warst fantastisch bei diesem Fußball-spiel. Doch selbst jetzt ist dir noch nicht wirk-lich klar, wie begabt du bist und dass alle dich lieben würden, wenn du ihnen eine Chance geben würdest. Selbstvertrauen ist der Schlüssel zum Sieg über deine Schüch-ternheit.

Ich habe eine Reihe von Herausforderungen für dich. Eine nach der anderen. Was sagst du dazu? Bist du bereit, dich Destry Camber-wick als würdig zu erweisen? Und was noch wichtiger ist: Bist du bereit, dich endlich selbst zu lieben und wertzuschätzen? Antworte mit J oder N.

Ich rief die Nummer an, aber das Läuten ging ins Leere. Nicht einmal der AB schaltete sich ein. Ich schrieb wieder: Wer bist du? Keine Antwort.

Ich habe Fantasie. Ich glaube, das Thema hatten wir schon. Also war mein erster Gedanke: ein möglicher Stalker – jemand, der mir nach Hause folgte, vielleicht in einem dunklen Mantel und in einem Geländewagen mit getönten Scheiben. Aber ich denke auch logisch. Ich hätte es sicher gemerkt, wenn mir jemand gefolgt wäre, und außerdem hätte ein Stalker realistischerweise keinen Zugriff auf Informationen wie meine Handynummer. Nein. Das war jemand, der mich gut kannte. Er wusste um meine Obsession mit Destry Camberwick und genauso um das Fußballspiel. Das ließ darauf schließen, dass er unter den Zuschauern war.

Nenn mich Sherlock Holmes, wenn du willst, aber es dauerte nicht lang, bis ich eine Liste der Verdächtigen aufgestellt hatte und was für und gegen jeden Einzelnen sprach.

Andrew. Dafür spricht: Hat meine Handynummer (logisch) und ist auf dem allerneuesten Stand, was meine Herzensangelegenheiten betrifft. War definitiv beim Spiel. Dagegen spricht: völlig untypisch für ihn. Er hat kein Problem damit, mir die Dinge ins Gesicht zu sagen – Geheimniskrämerei ist nicht sein Ding. Außerdem ist die SMS in einer Sprache abgefasst, in der er normalerweise nie redet oder schreibt. Weiterhin stellt die Nachricht eine fantasievolle Form von Kontaktaufnahme dar und er ist nicht sehr fantasiebegabt. Die Chance, dass er der mysteriöse Schreiber ist? Sechs von zehn Punkten. Maximal.

Großvater. Dafür spricht: Weiß auch alles über das Spiel (war da) und meine Angebetete. Kann raffiniert sein und ist immer für eine Überraschung gut. Von ihm stammt der Vorschlag mit dem Fußball, das heißt, er ist bereits vorbestraft wegen Einmischung. Dagegen spricht: Die Chance, dass er erfolgreich ein Handy bedient, entspricht in etwa der Chance, dass er bei den nächsten Olympischen Spielen über hundert Meter Hürden eine Goldmedaille gewinnt. Es sei denn, er hat einen Komplizen? (Für die Bedienung des Handys, meine ich, nicht für die Beteiligung an den Olympischen Spielen – das ergibt überhaupt keinen Sinn.) Das entscheidende Argument: kein einziger Kraftausdruck in der ganzen SMS. Pop flucht, wie andere Leute atmen. Die Chance, dass er der mysteriöse Schreiber ist? Zwei von zehn.

Mum und Dad (schmeißen wir sie zusammen; nach Dads Aussage sind sie im Grund ohnehin eine Person). Dafür spricht: Auch sie wissen alles über mich. Waren nicht beim Spiel, erhielten jedoch ausführliche Berichterstattung von mir und Großvater. Beide kennen meine Handynummer. Mum ist raffiniert. (Ich werde das Gefühl nicht los, dass sie mich dadurch, dass sie so getan hat, als sei sie strikt dagegen, zum Mitspielen gebracht hat. Müttern darf man *nie* trauen. Wenn ich es mir leisten könnte, würde ich mir das auf ein Schild drucken lassen und es an meiner Zimmertür aufhängen.) Dagegen spricht: seltsames Verhalten für Eltern (allerdings muss fairerweise gesagt werden, dass Eltern konsequent zu sonderbarem Verhalten neigen); sie hätte sich ein neues Handy zulegen müssen, was bescheuert erscheint (gilt auch für Andrew). Kein einziger Hinweis auf Golf, was Dad ausschließt (s. o.: Großvater und fluchen). Die Chance, dass sie die mysteriösen Schreiber sind? Mum sechs von zehn, Dad null von zehn.

Alle anderen: null Chance, da mich keiner kennt, weil ich entsetzlich schüchtern bin. Es muss einer der oben Genannten sein. Die Frage ist nur: Welcher? Es sei denn …

Ich hätte noch eine Verdächtige.

Was wäre, wenn die Nachricht von Destry Camberwick selbst käme? Was, wenn Andrew ihr von meinen Gefühlen erzählt hätte? Es würde erklären, weshalb ihre Handynummer nicht in meiner Kontaktliste ist. Spricht noch etwas dafür? Eigentlich nicht. Dass mein Handy ihre Nummer nicht erkennt, hat sie mit neunundneunzig Komma neun, neun … Prozent der Weltbevölkerung gemein. Ich habe drei Nummern in meiner Kontaktliste: Andrew, Mum und Dad. Und Dad kontaktiert mich nie. Dagegen spricht? Alles. Die Chance, dass sie die mysteriöse Schreiberin ist? Zehn von zehn oder null von zehn, je nachdem, was emotional von der Antwort abhängt.

Ich würde das Spiel nicht mitspielen. Ich würde nicht antworten. Ich würde stark sein. Ich würde geduldig sein.

Im Vorsätzefassen bin ich super. Ob ich mich daran halte, ist eine andere Sache.

25

Am nächsten Tag erschien ich mit Trixie, dem wild gewordenen Wischmopp, abgekürzt WWM, im Park. Nicht weil ich wieder mit Destry reden wollte. Klar wollte ich mit ihr reden, aber meine Bemerkung über das Töten ihres Hundes muss jede Chance auf eine freundliche Unterhaltung zunichtegemacht haben.

Ich wollte sie einfach nur sehen. Nein, ich *musste* sie sehen.

Und Trixie musste Gassi gehen. Und etliche Male kacken, wie sich herausstellte.

Ich setzte mich auf eine Bank unter einem ausladenden Baum und hielt Trixies Leine fest umklammert, während sie versuchte, jedem Hund im Umkreis von hundert Metern an die Gurgel zu gehen. Ich gebe zu, dass ich ein paarmal versucht war, sie loszulassen. Würde sie wirklich angreifen, oder würde sie mich anschauen, als hätte ich ihr Selbstwertgefühl geschreddert? Das herauszufinden, war die Sache nicht wert.

Destry kam um die Ecke. Die Welt verdunkelte sich an den Rändern und wurde in der Mitte heller. Ich beobachtete sie mit heruntergeklapptem Unterkiefer, bis sie um die nächste Ecke bog und aus meinem Blickfeld verschwand. Die Welt war wieder unverdunkelt und mein Unterkiefer klappte hoch.

Ich weiß, ich klinge verzweifelt und pathetisch, aber ich war zu fast allem bereit, um herauszufinden, ob es eine Zukunft für uns gab. Jedenfalls habe ich meinen Frieden mit meinem verzweifelten und pathetischen Zustand gemacht.

Ich zog mein Handy heraus, öffnete die letzte Nachricht und drückte auf Antworten. Ich tippte ein J ein und drückte auf Senden. Die Antwort kam fast im selben Moment.

Kluge Entscheidung. Heute Abend nenne ich dir deine erste Herausforderung.

Ich lief zur Ecke. Ich hatte einen Geistesblitz gehabt. Was, wenn ich sehen würde, wie Destry ihr Handy in ihre Tasche zurücksteckte und lächelte, in dem Wissen, dass ich ihren Köder aufgenommen hatte?

Dem war nicht so.

Sie hatte ihren Hund von der Leine gelassen und

warf einen Ball für ihn. Der Hund trabte über die Wiese, während Spaziergänger sich in Büsche retteten und andere Hunde auf Bäume zu klettern versuchten.

Ein Handy war bei alldem nicht im Spiel.

»Ich bin Vegetarier«, sagte ich zu Mum. »Das habe ich dir gestern schon erklärt.«

»Richtig. Aber ich dachte nicht, dass du es ernst meinst.«

»Du dachtest, ›Ich bin Vegetarier‹ sei mein Versuch, humorvoll zu sein? Mit solchen Sprüchen sollte ich mich für das Comedy Festival in Melbourne bewerben.«

Mum hatte am Herd gestanden. Jetzt drehte sie sich um und betrachtete mich, eine Hand auf der Hüfte. Leider hielt sie noch einen Kochlöffel in dieser Hand, von dem Hühnerfrikassee auf den Boden tropfte. Ich hätte sie darauf hingewiesen, doch ich war wie hypnotisiert von ihren Augen. Der Blick war stahlhart.

»Komm mir nicht so, Rob. Du bist noch nicht zu alt, um übers Knie gelegt zu werden.«

»Sorry, Mum«, entschuldigte ich mich. Es tat mir wirklich leid. Normalerweise war ich nicht sarkastisch. »Aber ich *bin* zu alt, um übers Knie gelegt zu werden.«

»Ich weiß. Schade. Nicht dass wir dich jemals geschlagen hätten.«

»Stimmt. Aber die emotionalen Qualen, die ihr mir zugefügt habt ...«

»Haha. Oh, jetzt schau dir das an.« Sie hatte den tropfenden Kochlöffel bemerkt. Ich zog etwas Küchenpapier von der Rolle und begann aufzuwischen. »Dann möchtest du also kein Hühnerfrikassee?«, fragte sie.

»Nein. Tut mir leid. Es ist nicht vegetarisch.«

»Aber Hühnchen ist weißes Fleisch. Es ist nicht wie Rindfleisch.«

»Mum, das macht es nicht zu einer Gemüsesorte. Diese Dinger, die auf Bauernhöfen herumgackern, sind kein Gemüse.«

»Wie ist es mit Fisch?«

»Das ist etwas anderes. Jeder weiß, dass Fisch ein Gemüse aus derselben Familie wie Karotten ist.«

Mum nahm erneut ihre Hand-auf-der-Hüfte-Haltung ein, doch dieses Mal hatte sie den Kochlöffel vorher weggelegt.

»Sorry, Mum. Ehrlich. Aber ich bin jetzt Vegetarier, und das heißt, ich esse kein Fleisch mehr, weder weißes noch rotes noch in sonst einer Farbe. Ich esse keinen Fisch mehr. Ich esse nichts mehr, das einmal gelebt hat.«

»Karotten haben gelebt. Kartoffeln haben gelebt.«

»Sie schreien nicht, wenn du sie aus der Erde ziehst.«

»Vielleicht doch. Wir können sie nur nicht hören.«

»Mum!« Ich stemmte meine Hand in die Hüfte, doch es hatte nicht dieselbe Wirkung wie bei ihr. »Wenn du Tiere liebst, die man Haustiere nennt, warum isst du dann Tiere, die man Abendessen nennt?«

»Das ist clever«, meinte Mum. »Stammt es von dir?«

»Schön wär's.«

»Nur um das klarzustellen: Ich habe noch nie einen Hund oder eine Katze gegessen.« Mum hob beide Hände, die Handflächen zeigten nach vorn. »Aber okay, okay. Kein Hühnerfrikassee für dich. Ich bin mir allerdings nicht sicher, was ich dir dann zum Abendessen anbieten kann.«

»Ich kümmere mich selbst darum«, erklärte ich. »Die meiste Zeit sollte es relativ einfach sein. Wenn es zum Beispiel Koteletts gibt, nehme ich einfach nur Kartoffeln und Gemüse. Vielleicht könnte ich ein paar vegetarische Burger aus dem Supermarkt besorgen. Großvater sagt, da gibt es eine ziemlich große Auswahl an vegetarischen Sachen.«

»Ich hätte mir denken können, dass Pop dahintersteckt. Er hat dich bekehrt.«

»Es ist keine Religion, Mum, und er radikalisiert mich nicht.«

»Aber warum wirst du ausgerechnet jetzt zum Vegetarier, Rob?«

Ich erklärte ihr, dass ich verschiedene Artikel zum Thema gelesen hatte, dass die Fleischerzeugung den Planeten zerstörte und verantwortlich war für Armut und Hunger in den Drittweltländern. Ich redete auch über Tierquälerei, nicht nur bei der Fleischerzeugung, sondern zum Beispiel auch beim Testen von Kosmetika.

110

»Unnötiges Leid, Mum«, sagte ich. »Bei Menschen akzeptieren wir es nicht. Warum sollte es bei Tieren okay sein? Und lass mich nicht von der Trophäenjagd anfangen …«

»Ich respektiere deine Ansichten, Rob. Wenn ich ehrlich sein soll, glaube ich allerdings, dass viele Menschen unnötiges Leid auch bei anderen Menschen akzeptieren. Tatsächlich scheuen sie oft keine Mühe, um es anderen zuzufügen. Lies Zeitung, schau dir an jedem beliebigen Tag die Nachrichten im Fernsehen an …«

Vegetarier zu werden war die beste Entscheidung, die ich in meinem zugegebenermaßen kurzen Leben bisher getroffen hatte. Ich leistete nicht nur einen kleinen Beitrag zum Wohl der Welt, sondern führte auch eine ernsthafte Unterhaltung auf Erwachsenenebene mit meiner Mutter über wichtige Themen. Hätte ich dieses Schild über Mütter an meiner Zimmertür, würde ich mir überlegen, ob ich es nicht abhängen sollte. Aber ich hatte es nicht, also tat ich es nicht.

Mum wies auf den Kochtopf. »Das hier ist in rund zehn Minuten fertig. Vielleicht solltest du schon mal anfangen, dir eine Suppe oder so aufzuwärmen.«

»Suppe klingt gut«, meinte ich. »Was haben wir da?«

»Im Schrank ist eine leckere Hühnersuppe.«

Ich weiß immer noch nicht, ob es als Scherz gemeint war.

26 Ich rief die geheimnisvolle Nummer während des Abendessens an, als ich meinen Teller in die Spüle stellte und Mum und Dad noch ihr Frikassee aßen. Ich erwartete nicht, dass jemand abnahm, aber ich wollte die Ohren offen halten, ob es vielleicht irgendwo im Haus läutete.

Nichts. Ich stellte mich sogar vor ihre Schlafzimmertür, hörte aber auch hier nichts. Klar, das Telefon konnte auf Stumm geschaltet sein, weshalb es kein Beweis war.

Aus irgendeinem Grund wollte ich Mum und Dad nichts davon erzählen. Ich weiß, dass ich es hätte tun sollen. Eltern müssen sich darum kümmern, wenn ihr Kind Nachrichten von Fremden erhält, doch bis jetzt hatte nichts Gruseliges darin gestanden. Ich schwor mir, dass ich ihnen bald davon erzählen würde, und in jedem Fall sofort dann, wenn die Nachrichten merkwürdig wurden.

Doch für den Moment war dies alles ein großes Rätsel und ich liebe Rätsel.

Die Nachricht kam um 22:10 Uhr. Schickte der Schreiber sie ganz bewusst so spät, damit ich mögliche Absender nicht überprüfen konnte? Wäre sie während des Abendessens gekommen, hätte ich Mum und Dad von meiner Liste streichen können, und es wären nur zwei Personen übrig geblieben. Wahrscheinlich spielte es keine Rolle. Ich öffnete die Nachricht.

Guten Abend, Rob. Deine erste Herausforderung folgt, aber erst möchte ich dir sagen, weshalb diese Herausforderung und die nachfolgenden deine Zeit wert sind. Du bist verliebt und das ist wunderbar. Vielleicht hält der Zustand an, vielleicht auch nicht. Wer weiß das schon? Was ich aber weiß, ist Folgendes: Wie kann irgendjemand dich lieben, wenn DU SELBST glaubst, du seist nichts wert?
Deshalb geht es bei diesen Herausforderungen nicht darum, Destry Camberwick zu beeindrucken. Es geht darum, dass Rob Fitzgerald Rob Fitzgerald beeindruckt. Vergiss das nicht.
Herausforderung Nr. 1: Du wirst am Milltown's

Got Talent-Wettbewerb teilnehmen, der am Freitag in zwei Wochen stattfindet. Du hast also Zeit, an deinem Auftritt zu feilen und Wege zu finden, wie du Panikattacken überwinden kannst. Ich würde dir ja viel Glück wünschen, aber Sinn und Zweck dieser Herausforderung ist, dass du Glück nicht nötig hast.

Ich schloss mein Handy und dann auch meine Augen.

Ein öffentlicher Auftritt. Wahrscheinlich mein schlimmster Albtraum.

27 Ich zog Andrew ins Vertrauen. Obwohl ich gewisse Dinge lieber selbst zu lösen versuche, brauchte ich dringend einen Rat. Außerdem würde ich aus seiner Reaktion auf die Nachrichten schließen können, ob *er* dahintersteckte. Andrew ist nämlich kein guter Schauspieler. Er ist manchmal gezwungen, Rollen zu lesen, wenn wir in Englisch Theaterstücke durchnehmen, und ihn »hölzern« zu nennen, wäre eine Beleidigung für Bäume. Hätte er also irgendetwas mit dieser Sache zu tun, könnte er es nicht verbergen.

Er war völlig von den Socken und seltsam aufgeregt.

»Das ist so cool«, bemerkte er, während er die Nachricht las. »Ein echtes Rätsel. Wer steckt dahinter, was glaubst du?«

Ich ging mit ihm meine kurze Liste der Verdächtigen durch und meine Argumente, die für oder gegen sie sprachen.

»Du hast recht, ich bin es nicht«, stellte er klar. »Ich könnte so was nicht mal in einem Aufsatz schreiben, geschweige denn in einer SMS.«

»Nur weil du immer alles abkürzt, heißt das noch lange nicht, dass du nicht etwas Korrektes zustande bringen könntest, wenn du wolltest.«

»Ja, vielleicht, aber das ist nicht mein Stil, Mann, und das weißt du.«

Ich wusste es.

»Dann ist also dein Großvater der Hauptverdächtige?«, fragte er, nachdem ich ihm erklärt hatte, weshalb ich nicht glaubte, dass Mum und Dad dahintersteckten. Sie hatten ihr halbes Leben damit zugebracht, mich vor stressigen Situationen zu bewahren. Es passte einfach nicht zu ihnen. Kaum hatte ich das gesagt, erschien es mir allerdings wieder als wahrscheinlich, dass Mum in Zusammenhang mit meinem Debüt als Torhüter eine hinterhältige Form umgekehrter Psychologie benutzt haben könnte ...

»Pop kann nicht mit einem elektrischen Wasserkocher umgehen«, erklärte ich, »und ich habe ihn noch nie in der Nähe eines Computers oder eines Handys gesehen. Ich weiß nicht. Mir erscheint es eher unwahrscheinlich.«

»Aber wer ist es dann? Wie du schon gesagt hast, musst du dich nicht unbedingt übermäßig vieler Freunde erwehren.«

Sich nicht unbedingt übermäßig vieler Freunde erwehren? Das war gehobene Sprache. Ich versuchte, nicht darüber nachzudenken. Man kann verrückt werden, wenn man alle verdächtigt.

»Wie ist es mit jemand anderem, dem gegenüber Mum oder Pop die ganze Liebesgeschichte vielleicht erwähnt hat?«, fragte ich. »Jemand, der mich aus der Ferne beobachtet? Ein Maulwurf. Ein Spion. Was du bei Destry Camberwick für mich warst. Informationen sammeln, während ich im Hintergrund bleibe. Gibt es übrigens weitere Fortschritte?«

»Oh ja. Sie ist cool, soweit ich es beurteilen kann. Liebt ihren Hund, wie du schon weißt. Keine Ahnung, was ihren Musikgeschmack betrifft, aber das bekomme ich noch heraus. Scheint keine speziellen Hobbys zu haben, geht aber gelegentlich ins Kino. Sie mag anscheinend ›Ehrlichkeit‹.« Andrew setzte mit den Fingern Anführungszeichen in die Luft. »Sie hasst Angeber, hat sie mir gesagt. Bis jetzt gibt das noch nicht besonders viel her, aber ich kann nicht zu aufdringlich sein.«

Ich nickte und im selben Moment läutete es zum Pausenende. Andrew gab mir mein Handy zurück.

»Und außerdem«, sagte er, »habe ich Destry Camberwick niemandem gegenüber erwähnt. So etwas würde ich nicht tun.« Er klopfte auf meine Handyhülle. »Wirst du es machen?«

»Ich glaube nicht, dass ich es *kann*.« Es war die Wahrheit. Ich hatte früher schon Leuten erklärt, was Panik-attacken sind, hatte jedoch die Erfahrung gemacht, dass sie sich keine wirkliche Vorstellung davon machen konnten, bevor sie nicht selbst eine solche Attacke hatten. Für sie ist es ganz einfach. *Aber du brauchst doch nur tief durchzuatmen*, sagen sie. *Bleib einfach ruhig. Stell dir vor, die Zuschauer sitzen auf der Toilette. Hab Rückgrat. Sei ein Mann.* Sie verstehen nicht, dass deine Muskeln sich manchmal verkrampfen, dein Herz hämmert und du plötzlich die Kontrolle über Teile deines Körpers verlierst. Du übergibst dich, dich überfällt eine so fürchterliche Panik, dass du nur noch die Hände über den Kopf legen und sterben willst. Es kann den ganzen Tag andauern, selbst nachdem das Schlimmste vorüber ist.

Sie verstehen es nicht.

Daniel Smith tauchte während der Mittagspause neben mir auf.

»Willste kämpfen, Fitzgerald? Was haste gesagt? Hat's dir die Sprache verschlagen? Hm? Willste kämpfen? Los, sei ein Mann.«

»Ein Wort in deine Ohrmuschel, Mr Smith«, sagte Miss Pritchett und zog ihn beiseite. Für mich stand ohne den Hauch eines Zweifels fest, dass Miss Pritchett in einer Welt, ja möglicherweise in einem Universum lebte, von dem wir anderen keine Ahnung hatten, und dass sie über Kräfte verfügte, von denen Sterbliche nicht einmal träumen konnten.

Ich trug meinen Namen in die Anmeldeliste für den Milltown's Got Talent-Wettbewerb ein, die gleich am Eingang an der Wand hing.

Ausstreichen konnte ich ihn später immer noch.

28

»Was zum Teufel ist verknorkt noch mal Milltown's Got Talent?«, fragte Großvater.

»Hast du schon mal *Australia's Got Talent* gesehen?«, fragte ich zurück.

»Nö. Und ich lebe jetzt seit hundertundfünfzehn Jahren in Australien und habe noch nirgendwo auch nur eine Spur von Talent entdeckt. Warum? Wurde endlich eins gesichtet?«

»Es ist eine Fernsehsendung, Pop«, erwiderte ich. Die Sache mit Großvater ist die, dass man nie sicher sein kann, ob er einen veräppelt oder nicht. Er hat einen seltsamen Sinn für Humor. Ich habe ihn einmal »trocken« genannt. Seine Antwort darauf: *Ich bin so trocken, dass man auf mich draufpinkeln muss.* Es hatte deshalb keinen Sinn, seine Reaktion auf die Nachricht, dass ich mich für den Talentwettbewerb angemeldet hatte, genau zu beobachten. Vermutlich ist er ein wirklich guter Schauspieler, und ich würde nicht herausfinden, ob er hinter den SMS steckte, indem ich so offensichtlich versuchte, ihm auf die Schliche zu kommen.

»Ah, das Fernsehen«, ereiferte er sich. »Die Zitze mit einer verknorkten Glasscheibe davor, an der wir alle zur Beruhigung saugen. Oder saugt sie an *uns*, Junge? Saugt sie das Wundern, die Leidenschaft und Lebensfreude aus uns heraus?« Das Wort »saugen« inspirierte ihn anscheinend, denn er saugte an seinen Zähnen, worauf das Pfeifen einsetzte, was schade war, denn bis zu diesem Zeitpunkt hatte er richtig intelligent geklungen. »Ich schaue nur selten fern«, bekannte er. »Sehr selten. Also erzähl mir alles darüber.«

»Es ist ein Talentwettbewerb für Amateure, Pop, aber man muss sein Ding vor einem Millionenpublikum machen. Leute melden sich dafür – alle möglichen Leute, Sänger, Tänzer, Comedians, Jongleure, Zauberer und so weiter. Und sie treten vor einer Jury aus berühmten Leuten auf. Der Gesamtsieger wird von den Fernsehzuschauern gewählt.«

»Klingt abstoßend«, meinte Pop. »Und das nennt sich dann Unterhaltung, ja?«

»Scheint so.«

»Und Milltown's Got Talent ist wahrscheinlich eine Version davon, die deine Schule veranstaltet, bei der abstoßende junge Leute auf ihre Stromgitarren eindreschen, auf der Bühne herumhüpfen und dazu heulen?«

Ich versuchte etwas Unzutreffendes in Großvaters

Beschreibung zu finden, doch sie kam der Wahrheit ziemlich nah.

»Mehr oder weniger«, antwortete ich.

»Und du hast beschlossen, vor der ganzen Schule etwas aufzuführen?«

»Nicht unbedingt *beschlossen*. Ich halte es mir offen.«

»Du kannst nicht Gitarre spielen«, gab Pop zu bedenken. »Ich vermute mal, dass du kein Experte im Herumhüpfen bist, aber heulen kannst du wahrscheinlich. Willst du das machen?«

»Ich kann nicht singen, Pop«, erwiderte ich. »Und es stimmt, ich spiele kein Instrument. Aber bei dem Talentwettbewerb kann man alles Mögliche machen. Vielleicht könntest du mir ein paar deiner Zaubertricks zeigen ...« Pop ist ein guter Zauberer. Er kann Kugelschreiber und anderes Zeug verschwinden lassen und die Dinge dann hinter deinem Ohr hervorziehen, solche Sachen. Ein paar seiner Kartentricks und Illusionen sind wirklich beeindruckend.

»Das könnte ich, Junge ...« Großvater kratzte sich am Stoppelkinn. »Das könnte ich. Aber wann ist dieser Wettbewerb?«

»In zwei Wochen.«

»Ah, dann ist es ausgeschlossen. Die Tricks könnte ich dir beibringen. Die sind nichts Besonderes, und wahrscheinlich könntest du sie ohnehin in deinem Computer finden. Ist das nicht eine der Funktionen dieser verknorkten Dinger, alles Geheimnisvolle aus der Welt zu verbannen?« (Es war eine rhetorische Frage, denn er fuhr ohne Pause fort. Ich nahm mir trotzdem vor, später über diese Worte nachzudenken und darüber, ob Großvater nicht doch hinter den SMS steckte.) »Das Problem ist die Zeit. Selbst der einfachste Trick erfordert wochenlanges Üben. Um die besten zu beherrschen, solche, die es wert sind, dass man sie sich anschaut und somit auch, dass man sie vorführt, braucht man *Jahre*. Eine schlechte Zaubershow ist eine verknorkt schreckliche Erfahrung. Da wäre ein schlecht gesungenes Lied noch besser.«

Ich blickte aus dem Fenster, während ich über seine Worte nachgrübelte. Es nieselte und die Welt schien ein wenig entmutigt.

»Was ist mit deinen Panikattacken?«, fragte Pop.

»Gute Frage«, erwiderte ich. »Und ja. Wenn ich mich entschließe, die Sache weiter zu verfolgen, werde ich entsetzlich Angst haben, eine vor fremden Leuten zu erleiden. Aber jemand hat mal gesagt: Fürchte die Angst nicht. Sie will dich nur wissen lassen, dass etwas es wert ist, getan zu werden.« Ich beobachtete Großvater genau. »Was hältst du davon?«

Es entstand eine lange Pause.

»Klingt nach einem dampfenden Haufen verknorktem Mist«, antwortete Pop schließlich.

Das Wort »Mist« hat er übrigens nicht gebraucht.

29

Ich arbeitete an einer besonders ver-
zwickten Matheaufgabe (um sie zu
lösen, bedurfte es sehr viel mehr, als
nur meine Socken und Schuhe auszuziehen – ich bin
mir nicht einmal sicher, ob die nackten Zehen der gesamten Klasse mir bei dieser Aufgabe hätten helfen
können), als mir Mrs Singh, unsere Mathelehrerin, auf
die Schulter tippte. Sie beugte sich zu mir herunter und
flüsterte mir ins Ohr:

»Rob, Mr Broadbent möchte dich in der Turnhalle
sprechen. Er hat gesagt, es würde nicht lang dauern, du
kannst deine Schultasche also hierlassen.«

Ich wuselte in Richtung Turnhalle. Na ja, wuseln ist
vielleicht nicht der richtige Ausdruck, eher schlendern.
Bis zum Ende der Schulstunde waren es noch dreißig
Minuten, und ich war nicht erpicht darauf, zu meiner
Matheaufgabe zurückzukehren, die mir offen gestan-
den unlösbar erschien. Andererseits erscheinen mir

alle Mathaufgaben erst mal unlösbar. Vielleicht sind sie es ja auch. Vielleicht ist das alles ein ausgeklügelter Schwindel, um das Schülerleben unerträglich zu gestalten.

Mr Broadbent brüllte ein paar Schüler an, die um das Basketballfeld liefen, Quietschgeräusche mit ihren Turnschuhen machten und elend schwitzten. Ich habe mich oft gefragt, was Leute dazu veranlasst, Sportlehrer zu werden. Stehen sie auf Schweißgeruch? Keine Ahnung. Es ist mir ein genauso großes Rätsel wie Matheaufgaben. Mr Broadbent sah mich und blies in seine Trillerpfeife.

»Okay, Kinder, auslaufen. Ihr wisst, was ihr zu tun habt.«

Ich setzte mich auf eine Bank und sah der Klasse beim Auslaufen zu. Mr Broadbent setzte sich neben mich.

»Hi, Rob, wie geht es dir nach den Strapazen auf dem Spielfeld?«

»Gut«, log ich. Fakt war, dass ich immer noch blaue Flecken hatte. Die Albträume ließen allerdings langsam nach. Ehrlich gesagt war ich mir nicht sicher, wie ich auf die Frage reagieren sollte. Würde er mir wieder den eiskalten Schwamm um die Ohren hauen, wenn ich sagte, ich hätte noch Schmerzen? Er schien das zu genießen.

»Ich habe aufregende Neuigkeiten«, verkündete er.

Ich wartete. Aufregende Neuigkeiten von Erwachsenen sind meist gar nicht aufregend. Oft sind es nicht einmal Neuigkeiten.

»Bei dem Spiel war ein Scout«, fuhr Mr Broadbent fort. »Jemand von der Fußball-Landesliga der U16. Ehrlich gesagt kam er wahrscheinlich, um sich die Jungs von St. Martin anzusehen, doch anscheinend hatte er, als er ging, nur einen Namen auf den Lippen. Deinen. Vor einer halben Stunde hat er mich angerufen.«

Für einen Sportlehrer war das wahrscheinlich unglaublich aufregend; mir bereitete es dagegen keine allzu große Mühe, meine Begeisterung im Zaum zu halten.

»Die Landesliga der U16«, wiederholte ich, weil ich etwas sagen musste.

»Genau. Er möchte, dass du dich bewirbst.«

Mr Broadbent hob eine Hand, als wollte er verhindern, dass ich vor lauter Aufregung zu flennen und zu sabbern begann. »Das heißt noch nicht, dass du in die Mannschaft aufgenommen wirst. Es ist keine Garantie. Aber es ist eine Wahnsinnschance.«

Jetzt hob ich eine Hand. »Mr Broadbent, Sie haben offenbar ein völlig falsches Bild von mir. Ich sage Ihnen jetzt etwas: Ich hasse Sport. Ich hasse Fußball. Ich habe bei diesem Spiel nur mitgemacht, weil ich Destry Camberwick beeindrucken wollte, die allerdings nicht beeindruckt war, weil sie nicht da war. Das macht mich zu einem kompletten Idioten. Ich hätte fast ein Auge und ein paar Gliedmaßen verloren. Ich habe einen Gehirnschaden riskiert und alles für nichts und wieder nichts. Sie müssen Wahnvorstellungen haben, wenn Sie glauben, dass ich jemals wieder ein Fußballfeld betrete. Bitte teilen Sie diesem Scout mit, dass er sich sein Angebot dorthin stecken kann, wo die Sonne niemals scheint.«

In Wirklichkeit habe ich nichts von alldem gesagt. Ich habe mir das alles später ausgedacht.

»Oh?«, entgegnete ich, was zugegebenermaßen nicht halb so geistreich war.

»Ja«, fuhr er fort. »Du würdest mit dem Rest der Mannschaft trainieren und hast gute Chancen, bei den regionalen Ausscheidungen dabei zu sein, die nächsten Winter in Brisbane stattfinden.«

»Brisbane?«, wiederholte ich. Er sollte nicht denken, dass »Oh« mein einziger Gesprächsbeitrag sei.

»Genau. Ist das nicht super? Sämtliche Kosten werden übernommen. Und wer weiß? Vielleicht ist es der Beginn einer fantastischen Karriere.« Seine Augen glänzten. Einen Augenblick fürchtete ich, er könnte vor Aufregung flennen und sabbern. »Soweit ich weiß, hat von Milltown noch nie jemand ein solches Angebot erhalten. Was sagst du dazu?«

Ich schaute zu den auslaufenden Basketball-Jungs hinüber und konnte in meinem Kopf nichts Inspirierendes finden.

»Ich überleg's mir«, antwortete ich schließlich.

»Natürlich. Ich freue mich, deine Eltern kennenzulernen, dann können wir alles besprechen. Aber du kannst
es dir nicht zu lang überlegen. Eine solche Gelegenheit
bekommt man nur einmal im Leben, die musst du mit
beiden Händen ergreifen. Komm mit ins Sekretariat,
dann drucke ich die Anmeldeformulare für dich aus.«

Ich schleppte mich hinter ihm her ins Sekretariat.
Jede Sekunde zählt, wenn es darum geht, keine Matheaufgaben lösen zu müssen.

30

»Okay«, sagte Andrew, »dann lass mich deine bisherigen Argumente zusammenfassen.«

Wir waren nach der Schule zu ihm gegangen. Von dem Angebot der Landesliga hatte ich ihm nichts erzählt, da ich mein Möglichstes tat, um es zu vergessen.

»Du überlegst, beim Milltown's Got Talent-Wettbewerb mitzumachen, weil dein geheimnisvoller SMS-Schreiberling es vorgeschlagen hat und du es aus irgendeinem Grund für eine gute Idee hältst, auf ihre oder seine Vorschläge einzugehen ...«

»Es geht nicht unbedingt ...«

Andrew hob eine Hand. Das passierte in letzter Zeit häufig.

»Schhhh«, machte er. »Ich denke nach und das ist schon im günstigsten Fall eine delikate Angelegenheit. Wenn du mich unterbrichst, verliere ich den Faden und spiele stattdessen Videospiele.«

Ich schhhte.

»Aber dein Problem«, fuhr er fort, »ist, dass du Panikattacken bekommst, wenn du im Mittelpunkt stehst.
Du willst also vor der ganzen Schule eine Performance
abliefern, bei der dich niemand bemerkt. Stimmt das so
weit?«

Es entstand eine lange Pause.

»Du kannst jetzt reden, Rob«, sagte er, »ich hab's unter Kontrolle.«

»Im Großen und Ganzen ja.«

»Okay, dann machen wir Folgendes: Ich gehe auf die
Bühne und stelle dich vor. ›Bitte begrüßt Rob Fitzgerald, den unsichtbaren Mann.‹ Und das war's dann.
Zwei Minuten eine leere Bühne – du kannst dich auf
der Toilette verstecken, wenn du willst – dann … don-
nernder Applaus.«

»›Doktor, draußen ist der unsichtbare Mann.‹ – ›Sag
ihm, ich kann ihn nicht sehen!‹«

»Ist das ein Witz?«

»So etwas Ähnliches.«

»Okay, damit scheidet ein Auftritt als Stand-up-
Comedian aus.«

»Ich kenne noch andere Witze. So richtige Schenkel-
klopfer.«

Andrew hob wieder die Hand. Was ist das bloß in
letzter Zeit? »Und ich wäre dir dankbar, wenn du sie für
dich behalten würdest. Nein, Rob, die Sache ist ver-

zwickt. Soweit ich weiß, hast du keine Begabung für irgendwas.«

»He, lass gut sein. Ich bin nicht hergekommen, um mich beleidigen zu lassen.« Das stimmte. Normalerweise war das Großvaters Part und er war sehr gut darin.

»Du kannst nicht singen, du spielst kein Instrument und du kannst keine Witze erzählen. Wie sieht es mit tanzen aus?«

»Na ja ...«

»Hier.« Andrew zog sein Handy heraus, drückte darauf herum und Tanzmusik ertönte in beträchtlicher Lautstärke. »Tanz.«

»Wie? Jetzt?«

»Ja, jetzt.«

Also tat ich es. Ich bin ziemlich stolz auf meine Tanzkünste. Ich habe einen Ankleidespiegel in meinem Zimmer und tanze manchmal davor. Es mag unbescheiden klingen, aber ich halte meinen Tanzstil für sehr innovativ. Ich mache Schritte und Bewegungen (und wohlgemerkt: Ich patze nie), die vor mir noch niemand versucht hat, und interpretiere Musik auf eine neue und aufregende Art und Weise. Nach dreißig Sekunden schaltete Andrew sein Telefon aus.

»Okay, tanzen kannst du auch nicht.«

»Moment mal ...«

»Glaub es mir, Rob.« Andrew stand auf und ging im Zimmer auf und ab, die Hände rechts und links am

Kopf, die Finger auf den Schläfen. »Denk nach, Andrew«, forderte er sich selbst leise auf. »Es muss etwas geben, worin Rob gut ist. Ihr seid seit Ewigkeiten befreundet. Irgendein Talent musst du doch an ihm entdeckt haben und sei es noch so gut verborgen.«

»He«, unterbrach ich ihn, aber er ignorierte mich.

»Fußball, klar. Aber du kannst auf der Bühne kein Fußballspiel aufführen.« Er schnippte mit den Fingern und wirbelte zu mir herum.

»Dieser Hund, den du ausführst. Macht er Kunststückchen?«

»Du meinst Trixie.«

»Trixie, die Trickserin. Perfekt. Hat ein solcher Auftritt nicht irgendwann einmal *Australia's Got Talent* gewonnen? Eine Frau und ihr Hund, der erstaunliche Sachen machen konnte. Purzelbäume schlagen, Kuchen backen, quadratische Gleichungen lösen und ein Medley aus *The Sound of Music* singen? Und das alles gleichzeitig.«

»Ich glaube nicht. Außerdem kann Trixie keine Tricks, soweit ich weiß. Es sei denn, du zählst zweimal dein Körpergewicht kacken, ohne abzusetzen, zu den guten Tricks.«

»Ganz ehrlich, ich würde es mich einiges kosten lassen, das auf der Bühne der Milltown High zu sehen, aber ich glaube nicht, dass es geht. Es sei denn, sie macht es auf Kommando.«

Ich schüttelte den Kopf.

»Schade.«

»Pass auf«, sagte ich. »Wir vergessen das Ganze. Du hast recht. Ich habe kein Talent, und außerdem ist es bescheuert zu glauben, ich könnte meine Panikattacken für die gesamte Dauer einer Aufführung unterdrücken. Allein der Gedanke daran macht mich schon fertig. Ich muss meine Einschränkungen akzeptieren. Ich bin zu nichts nütze ...«

»ICH HAB'S!«, brüllte Andrew. Er kam herüber und boxte mich fest auf den Arm. Es ist seine Art, Zuneigung zu zeigen, aber ich wünschte, er täte es nicht.

»Autsch. Was hast du?«

»Die Nummer, die du bei Milltown's Got Talent zeigen wirst. Es ist etwas, das du, wie du selbst gesagt hast, jetzt schon gut kannst. Und es ist perfekt, weil Rob Fitzgerald dabei gar nicht auf der Bühne erscheinen muss. Du solltest also keine Panikattacke bekommen. Es ist ein jämmerlicher Witz und alle werden es hassen. Aber darum geht es ja nicht, oder? Es geht darum, die erste Herausforderung anzunehmen. Nenn mich ein Genie, Alter. Nenn mich ein Genie.«

»Du bist ein Genie.«

»Ich weiß.«

»Und wirst du mir diesen wundervollen Plan verraten, bei dem ich auf der Bühne und doch nicht auf der Bühne bin?«

Er tat es.

»Du bist ein Genie«, sagte ich.

»Ich weiß.«

31 Ein Mal pro Woche, und zwar am Sonntag, kommt Großvater zu uns zum Mittagessen. Dad holt ihn ab und bringt ihn auch wieder zurück. Pop bleibt nicht lang. Weil er unabhängig ist, sagt Mom. Weil er uns nicht mag, sagt Pop.

Dieses Mal verzichteten zwei von uns auf das Roastbeef. Großvater ist schon, solang ich denken kann, Vegetarier, aber wir haben nie darüber gesprochen. Es ist einfach so, eine Besonderheit, die nicht wirklich besonders ist, weil ich daran gewöhnt bin.

Mum legte einen Burger auf meinen Teller und einen auf den von Großvater.

»Was ist das?«, wollte er wissen und stupste ihn mit der Gabel an, wie jemand vielleicht eine reglose Person anstupst, um herauszufinden, ob sie noch am Leben ist. Der Burger rührte sich nicht.

»Sieht aus wie die Hinterlassenschaft eines Hundes.«

»Sehr komisch, Dad«, meinte Dad. »Es war schon

komisch, als du den Vergleich zum ersten Mal gebracht hast, damals, 1987, und als Scherz ist er in Würde gealtert, das muss man ihm lassen.«

»Ich wünschte, man könnte das auch von dir sagen, du verknorkte Lache Hundekotze«, erwiderte Pop.

»Ich weiß jetzt, womit ich beim Milltown's Got Talent auftreten werde«, verkündete ich. Ich versuchte nicht, einen Streit zu beenden. Beim Mittagessen am Sonntag geht es immer so zu und allen scheint es Spaß zu machen. Aber der Schlagabtausch hörte augenblicklich auf.

»Was, bitte, ist Milltown's Got Talent?«, fragte Mum.

Ich erklärte es ihr. Ich hatte ein etwas schlechtes Gewissen, weil ich Großvater ins Vertrauen gezogen hatte, meine Eltern jedoch nicht. Zu meiner Verteidigung kann ich vorbringen, dass ich es erst nicht wollte – alles sprach dagegen. Mum und Dad hörten schweigend zu, doch ich konnte ihre Mienen lesen. *Was ist mit den Panikattacken? Es bereitet Rob schon Probleme, mit Siri zu reden …*

»Das Schöne an dem Auftritt ist, dass ich es gar nicht sein werde. Einerseits schon, aber in gewisser Weise, wenn ich Ordnung in mein Hirn bringen kann, auch wieder nicht. Ich werde zwar auf der Bühne stehen, werde aber nicht der sein, der oben steht …«

»Jetzt ist es so weit«, sagte Großvater. »Rob hat vollends den Verstand verloren. Alan, du rufst den Krankenwagen. Ich bastle schon mal aus zwei Vorhängen eine Zwangsjacke ...«

»Kann ich es nach dem Essen aufführen?«, fragte ich. »Ich muss möglichst oft üben und ich möchte eure ehrliche Kritik dazu hören.«

»Selbstverständlich«, erwiderte Dad. »Und du kannst dich darauf verlassen, dass dein Großvater ehrlich ist. Und kritisch. Leider.«

Ich bereitete im Wohnzimmer alles vor, während Mum und Dad die Spülmaschine beluden. Großvater half mir. Also, ich nenne es »helfen«, aber eigentlich zog er nur die Vorhänge zu. Ich rückte die Möbel an die Wände, damit ich eine leere Fläche hatte für meinen Auftritt.

»Bist du sicher, dass das eine gute Idee ist?«, fragte Großvater, während ich Möbel rückte. »Versteh mich nicht falsch. Ich finde es super, wenn du dich vor die Leute hinstellen und etwas aufführen kannst, aber ...«

»Aber du hast Angst, dass ich es nicht schaffe.«

»Ich habe Angst, dass du es versuchst, vor der gesamten Schule eine Panikattacke bekommst und zur Salzsäule erstarrst. Das wäre nicht das Ende der Welt, natürlich nicht, aber mit deinem Selbstvertrauen ist es schon jetzt nicht allzu weit her, und ich möchte auf keinen Fall, dass es noch mehr in den Keller rutscht.«

»Ach Pop, das ist so süß. Du machst dir wirklich Sorgen um mich.«

»Jetzt übertreib's mal nicht. Ich fände es peinlich, das ist alles. Du gehörst zur Familie, auch wenn ich das vor Gericht leugnen werde, falls du je behauptest, ich hätte das gesagt.«

»Ich muss es ausprobieren, Großvater«, sagte ich. »Mehr ist es im Moment nicht. Nur ausprobieren.«

»Ich bin stolz auf dich, auch wenn ich leugnen werde ...«

»Ich werde dich nicht zitieren«, versprach ich.

Mum und Dad kamen herein und setzten sich auf die Stühle an der Wand. Pop setzte sich auf die Couch. Ich stellte mich an die Seite und betrachtete kurz mein dreiköpfiges Publikum.

»Ich muss euch etwas Kontext geben«, sagte ich.

»Du musst mir meinen Nachtisch geben«, verlangte Großvater.

»Schhh«, machten Mum und Dad gleichzeitig.

»Lady Macbeth«, begann ich, »hat gerade ihren Ehemann, Macbeth, dazu überredet, den schottischen König Duncan zu ermorden, der zu Besuch ist und eine Nacht in ihrem Haus verbringen wird ...«

»Das ist einer der Gründe, weshalb ich nie hier übernachte«, warf Großvater ein.

»Hältst du wohl den Mund!«, schimpfte Mum. Sie wandte sich an mich. »Dann willst du das also machen? Eine Szene von Shakespeare spielen.«

»Deshalb habe ich gesagt, dass ich es einerseits bin,

andererseits aber doch nicht. Wenn ich in die Rolle hineinschlüpfen kann, steht jemand anders da oben, in diesem Fall Macbeth selbst. Ich verstecke mich hinter ihm.«

»Aber wie ist es mit den Erklärungen zum Kontext. Was du jetzt gerade tust?«, fragte Dad. »Jetzt versteckst du dich ja nicht.«

»Stimmt. Aber bei meinem Auftritt gebe ich keine Erklärungen zum Kontext ab, ich spiele nur die Szene. Vielleicht kann mein Englischlehrer das machen, vielleicht ist es aber auch gar nicht so wichtig. Ich dachte nur, ihr solltet es wissen.«

»Okay«, meinte Pop, »dann bringt dieser Macbeth also den König um. Kommt das nach dem Dessert?«

»Halt den Mund«, sagten Mum und Dad.

»So ist es tatsächlich«, antwortete ich. »Es gab ein großes Festessen und der König ist zu Bett gegangen. Macbeth versucht, den Mut aufzubringen, es zu tun. So weit alles klar?«

Meine Zuschauer nickten. Alle drei.

Ich atmete tief durch und trat in mein improvisiertes Theaterrund.

32

Okay. Destry-Gedicht, Versuch Nr. 42. Die 41 Vorgänger wurden dem Müll-einer übergeben, wo sie zusammen mit einem Sortiment Fischköpfen und Brokkolistrünken verrotten.

Vermutlich stinken meine Gedichte mehr als der verfaulende Essenskram.

Ich mag die Reime immer noch nicht aufgeben, auch wenn die, auf die ich bisher gekommen bin, nach schierer Verzweiflung klingen. (Zum Beispiel ist mir gerade aufgefallen, dass auch Brokkoli sich auf Destry reimt. *Destry auf dem Stuhle Petri, süß und schmackhaft wie Brokkoli.* Ich weiß. Bei dem Geruch muss man würgen. Um meinen Stift sammeln sich Maden.)

Reime können ganz schön verzwickt sein, aber das heißt nicht, dass man sich nicht raffiniert durchmogeln könnte. Es gibt keinen Grund, die ganze Zeit nur mit Endreimen zu arbeiten. Es gibt ja auch den Zeilensprung (wenn eine Zeile in die nächste übergeht) oder unreine Reime. Sie gelten unwidersprochen als ehrbare literarische Techniken. Das beflügelt mich.

Sie flog in mein Blickfeld, dieser Engel namens Destry,
und ich wusste, etwas Besseres als sie
kriegst du nie. Ihr Nachname, Camberwick,
war Magie, ein Wunder, ein Trick
der Klänge. Ich war total aus dem Häuschen,
ein verliebter Junge, ein verschrecktes Mäuschen …

Vergib mir, während ich mit dem Kopf gegen die Wand schlage, bis es wehtut.

Meinem Kopf, nicht der Wand.

33

Ich ging ein wenig in die Hocke, schaute über die Schulter und machte zögernd einen Schritt auf mein Publikum zu. Ich erstarrte, mein Blick ging über ihre Köpfe hinweg, meine Miene spiegelte (hoffentlich) Angst wider. Langsam, ganz langsam streckte ich einen Arm aus.

»Super«, kommentierte Großvater. »Und jetzt gibt's Nachtisch.«

»Um Himmels willen!«, brüllte Mum. »Du bist wie ein kleines Kind, Pat. Hab ein wenig Respekt. Rob spielt Theater und du machst nichts als blöde Witze.«

»Ja, benimm dich deinem Alter entsprechend«, knurrte Dad.

»Nehmt nicht alles so ernst, Leute«, meinte Großvater. »Rob weiß, dass ich scherze, nicht wahr, Rob?«

Ich musste lächeln.

»Wir sind doch hier nur zu viert«, fuhr Pop fort. »Du meine Güte, ich hätt's nicht getan, wenn wir in dem verknorkten Opernhaus von Sydney wären. Rob kann noch einmal anfangen.«

»Und du hältst dann den Mund?«, fragte Mum.

Pop tat, als verschließe er seine Lippen mit einem Reißverschluss.

Ich begann noch einmal von vorn: in die Hocke gehen, Blick über die Schulter, Schritt, erstarren und Arm ausstrecken. »Ist das ein Dolch, was ich vor mir erblicke«, zischte ich, »der Griff mir zugekehrt? Komm, lass dich packen.« Ich schloss die Hand über nichts als Luft und ging wieder ein, zwei Schritte, zurück. »Ich fass' dich nicht und doch seh' ich dich immer. Bist du, Unglücksgebild, so fühlbar nicht der Hand, gleich wie dem Aug'? Oder bist du nur ein Dolch der Einbildung, ein nichtig Blendwerk, das aus dem heiß gequälten Hirn erwächst? Ich seh' dich noch, so greifbar von Gestalt wie der, den jetzt ich zücke.«

Ich verließ meine Rolle für einen Moment. »Bei meinem Auftritt habe ich einen Dolch im Gürtel stecken«, erklärte ich. »Einen aus Plastik, da Milltown wahrscheinlich nicht besonders glücklich wäre, wenn ich einen echten mit in die Schule bringen würde.« Das war die Untertreibung des Jahres. Einmal über die Mittagszeit nachsitzen wäre in ihren Augen wahrscheinlich eine viel zu geringe Strafe dafür, die gesamte Schule mit einem Messer bedroht zu haben. »Konntet ihr mir bis hierher folgen?«, fragte ich.

»Unbedingt«, antwortete Mum.

»Du hast was auf der Zunge, schnell heraus«, sagte Großvater. Er breitete die Arme aus, als Mum und Dad sich ihm zuwandten. »Was hab ich denn gesagt? Rob hat gefragt.«

Ich machte da weiter, wo ich mich unterbrochen hatte: »Du gehst mir vor den Weg, den ich will schreiten, und eben solche Waffe wollt' ich brauchen. Mein Auge ward der Narr der andern Sinne oder mehr als alle wert.« Ich stieß einen leisen entsetzten Schrei aus. »Ich seh' dich stets, und dir an Griff und Klinge Tropfen Bluts, was erst nicht war.« Ich schüttelte den Kopf. »Es ist nicht wirklich da: Es ist die blut'ge Arbeit, die mein Auge so in die Lehre nimmt.«

Ich richtete mich auf und blickte um mich, eine Hand ausgestreckt. Es war die Hand, in der ich den Plastikdolch halten würde. Ich wünschte, ich hätte vorher daran gedacht, weil ich mir ein bisschen dämlich vorkam, aber ich wollte jetzt nicht aufhören und mir ein Messer aus der Küche holen. Großvater würde mich mit ziemlicher Sicherheit bitten, ihm ein Stück Kuchen mitzubringen.

»Jetzt«, fuhr ich fort, »auf der halben Erde scheint tot Natur, und den verhangnen Schlaf quälen Versucherträume; Hexenkunst begeht den Dienst der bleichen Hekate; Und dürrer Mord, durch seine Schildwacht aufgeschreckt, den Wolf, der ihm das Wachtwort heult – so dieb'schen Schrittes, wie wild entbrannt Tarquin, dem Ziel entgegen, schreitet gespenstisch.« Ich blickte auf meine Füße hinunter. »Du festgefugte Erde, leicht verwundbar, hör' meine Schritte nicht, wo sie auch wandeln, dass nicht ausschwatzen selber deine Steine mein Wohinaus und von der Stunde nehmen den jetz'gen stummen Graus, der so ihr ziemt.« Ich stieß ein hohles Lachen aus, eines (so hoffte ich) voller Qual und Selbsthass. »Hier droh' ich, er lebt dort; für heiße Tat zu kalt das müß'ge Wort!«

»Ding dong«, sagte Großvater. Mum öffnete den Mund, doch ich kam ihr zuvor. Wer hätte gedacht, dass Pop dieses Stück so gut kannte?

»Ich geh', und 's ist getan: die Glocke mahnt. Hör' sie nicht, Duncan, 's ist ein Grabgeläut', das dich zu Himmel oder Höll' entbeut.« Ich trat zwischen den Stühlen von Mum und Dad ab. Dass ich dabei gegen die Wand lief, schmälerte die Wirkung etwas, aber ich hoffte, dass meine Zuschauer die Absicht dahinter verstanden.

Lauter Applaus brandete auf. Na ja, so laut drei Leute eben applaudieren können. Und es klang nach echter Begeisterung.

34

Nachdem wir Großvater nach Hause gebracht hatten, fuhren Dad und ich weiter zum Golfplatz. Normalerweise gehen wir morgens, aber Dad hatte zu tun, weshalb er beschloss, am Nachmittag neun Löcher zu spielen.

Ich hielt die kleine Pelzhaube in der Hand, während Dad den Ball am ersten Abschlag ansprach. Ich sagte kein Wort, trotzdem kam es zu einem Hook (oder war es ein Slice?).

»Mist«, murmelte er und gab mir das haubenlose Holz 1. Pflichtbewusst setzte ich ihm die Kappe auf und stellte es in die Tasche zurück, als wir durch das hohe Gras gingen.

»Und wie läuft es mit deiner Freundin?«, fragte Dad.

»Es läuft nicht und sie ist nicht meine Freundin. Sie hat immer noch keine Ahnung, wer ich bin.«

»Ja, aber das wird sich nach diesem Talentwettbewerb ändern.«

»Bei meinem Glück wird ihr wieder schlecht wie vor dem Fußballspiel und sie verpasst ihn.« Ich dachte eine Weile über diese Aussage nach. »Oder ihr wird bei meinem Glück *nicht* schlecht und sie wird Zeuge des ganzen grausigen Desasters.« Ich hatte mir das mit dem Talentwettbewerb noch einmal überlegt. Und noch einmal und noch einmal und noch einmal und ging jetzt davon aus, dass Dad recht hatte. Danach würde Destry genau wissen, wer ich bin. Nämlich ein grandioser Depp, ein Dorftrottel ohne Dorf und die unbestrittene Lachnummer der Milltown High.

Mit meinem Selbstwertgefühl steht es auch im günstigsten Fall nicht zum Besten.

»Selbstvertrauen«, sagte Dad über die Schulter, als hätte er meine Gedanken gelesen, »ist der entscheidende Punkt bei Frauen. Hey, wenn du einen Rat brauchst, frag einfach, ja?«

»Falls ich abhotten will, während ich Destry Camberwick angrabe, wende ich mich garantiert als Allererstes an dich.«

»Ich meine es ernst«, sagte Dad. »Du siehst in mir wahrscheinlich einen dicken, glatzköpfigen alten Loser ...« Er entdeckte seinen Ball im hohen Gras und schaute ihn an, als hätte er sich mit Absicht in unwegsamem Gelände versteckt, wo er doch wie ein braver, gehorsamer Golfball mitten auf dem Fairway liegen sollte. Ich gab ihm ungefragt das 9er-Eisen.

»Hey, Rob, widersprich meinem Selbstporträt nicht, okay?«

»Dad, du bist KEIN Loser. Dick, glatzköpfig und alt, ja, keine Frage – es nützt nichts, den Kopf in den Sand zu stecken –, aber du bist eindeutig *kein* Loser.«

Dad bog Grashalme auseinander, um den Ball richtig sehen zu können.

»Okay, vielleicht hast du ein *bisschen* was von einem Loser«, fuhr ich fort. »Nicht viel, wahrscheinlich ...« Ich hantierte mit den restlichen Schlägern in der Golftasche herum. »In Ordnung, ich widerspreche deinem Selbstporträt nicht. Dicker, glatzköpfiger alter Loser scheint zutreffend.«

Dad führte einen Probeschlag mit dem 9er-Eisen aus. »Du verbringst zu viel Zeit mit deinem Großvater. Und das bereitet mir Sorge.«

Er schlug den Ball, und selbst ich sah, dass es ein super Schlag war. Der Ball flog direkt nach oben und überstieg die Wipfel der umstehenden Bäume noch um einige Zentimeter. Ich ging ein paar Meter nach links, um besser sehen zu können, wie er am Rand des Grüns aufkam und quälend dicht an die Fahne heranrollte.

»Toller Schlag, Dad«, lobte ich.

»Dann doch kein kompletter Loser?«

»Oh, Dad, bitte! Sei nicht sauer.«

Wir gingen zum Grün.

»Ich war kein begnadeter Tänzer«, gestand Dad.

»Eigentlich konnte ich überhaupt nicht tanzen. Wenn ich so zurückschaue, gibt es keinen Grund, weshalb deine Mutter mich eines zweiten Blickes hätte würdigen sollen. Meine Güte, sie sah damals fantastisch aus, Rob! Versteh mich nicht falsch, sie ist immer noch eine gut aussehende Frau, aber ...«

»Und warum hat sie es dann getan? Dich eines zweiten Blickes gewürdigt, meine ich?«

Dad stieß einen Pfiff aus, als wir zum Grün kamen. »Das war tatsächlich ein toller Schlag. Entschädigt fast für den Hook vom Tee.« Ich gab ihm seinen Putter.

»Ich war Gewerkschaftsorganisator«, erzählte er. »Das waren Zeiten, Rob, wenn ich es dir sage. Streiks, um unsere Arbeitsbedingungen zu verbessern, mit Mitgliedern reden. Mit Arbeitgebern verhandeln, Pressemitteilungen herausgeben. In der Rückschau die schönsten Tage meines Lebens.«

»Und ...?«

»Und deine Mum hat sich in diesen Enthusiasmus verliebt. Zumindest hat sie das Jahre später gesagt, als ich sie fragte, weshalb sie sich für mich entschieden hat. ›Du hast an etwas geglaubt und dafür gekämpft‹, sagte sie. Es gibt nichts Attraktiveres als der leidenschaftliche Einsatz für eine Sache, selbst wenn diese Sache zum Scheitern verurteilt ist. Vielleicht sogar *besonders* dann, wenn sie zum Scheitern verurteilt ist.«

Ich beobachtete, wie er seinen Putter ausrichtete

und dann einlochte. Ich applaudierte sogar. Er reckte seinen Schläger in die Luft, als hätte er gerade die US Open gewonnen, und winkte nicht vorhandenen Zuschauern zu. Ich nahm den Putter und legte ihn in die Tasche zurück.

»Du versuchst, mir etwas zu sagen, Dad. Tu es doch einfach.«

Er legte mir eine Hand auf die Schulter. »Du bist Vegetarier geworden. Du hast uns mit deinen Gründen gelangweilt. Nichts für ungut. Wir haben von Tierquälerei gehört, von Treibgasemission, und auch wenn ich nicht mit allem, was du vorbringst, übereinstimme – wenn ich ehrlich bin, Rob, setzt meine Liebe zu Steaks mein Gewissen außer Kraft –, gibt es keinen Zweifel, dass du mit Leidenschaft bei der Sache bist. Deshalb ...«

»Deshalb sollte ich Destry Camberwick von meiner Leidenschaftlichkeit überzeugen, indem ich sie wissen lasse, dass ich Vegetarier bin.«

»Oh nein. Das wollte ich damit ganz gewiss nicht sagen. Was ich sagen will, ist, dass du es nicht für dich behalten solltest, wenn du von etwas überzeugt bist. Es sollte ein Stempel auf deiner Persönlichkeit sein, eine Definition dessen, was du bist, denn wenn niemand weiß, woran du glaubst, kannst du genauso gut an nichts glauben.«

Ich grübelte während des nächsten Lochs darüber nach und kam zu einem überraschenden und einigermaßen schockierenden Schluss. Dad hatte recht. Glaub mir, es schmerzt, das zugeben zu müssen. Aber jetzt erschien es offensichtlich. Der Versuch, Destry mit meinen Überzeugungen zu beeindrucken, wäre so erbärmlich wie der Versuch, jemanden mit der Anzahl der Geldscheine in deinem Portemonnaie zu beeindrucken. Du könntest Erfolg haben, doch die Person, die du damit beeindruckst, wäre fast schon zwangsläufig die Mühe nicht wert.

Vegetarier sein. Sich für die Rechte der Tiere einsetzen. Vielleicht war es an der Zeit, diese Dinge nicht länger wie ein beschämendes Geheimnis zu behandeln. Vielleicht musste ich damit aufhören, mein kaum vorhandenes Selbstwertgefühl zu stärken. Vielleicht war es an der Zeit, einfach ich zu sein und mir keine Gedanken darüber zu machen, was andere über mich dachten.

35

Nach nur zehn Minuten vor der Schulkantine brachte man mich zur Rektorin. Ich wartete eine Viertelstunde vor ihrem Büro, bevor sie mich hineinrief. (Besser gesagt, hineinbellte.) Das tun sie bewusst – dich warten lassen, damit deine Fantasie in den Schnellgang schaltet. Ich habe mir Krimis im Fernsehen angeschaut. Es ist eine psychologische Manipulation, damit du, wenn man dich endlich mit deinen Vergehen konfrontiert, froh, nein, geradezu *begierig* darauf bist, alles zuzugeben. *Ich hab's getan, Euer Ehren. Ich habe einen Fehler gemacht, also legen Sie mir Handschellen an und verurteilen Sie mich. Ich habe das Verbrechen begangen und werde jetzt meine Zeit dafür absitzen.*

»Ich bin enttäuscht von dir, Rob«, brüllte Miss Cunningham. Sie kann es auch gebellt haben. Wenn einem die Ohren klingeln, ist es manchmal schwierig, den Unterschied herauszuhören.

Ich ließ den Kopf hängen. Das habe ich immer getan, selbst wenn die Leute mich nicht angebrüllt haben. Das geschieht instinktiv und hat etwas mit Schüchternheit und geringem Selbstwertgefühl zu tun. Versuche, dich klein zu machen, und vermeide Augenkontakt, dann lassen dich die Leute vielleicht gehen. Das Ziel ist Unsichtbarkeit, auch wenn du weißt, dass sie unerreichbar ist.

»Es gibt viele Schüler an dieser Schule, von denen ich erwarten würde, dass sie Ärger machen«, fuhr sie fort. »Doch dich habe ich bisher nicht dazugezählt. Vielleicht wärst du so gut und würdest mir dein Verhalten erklären?«

Ich habe viel Zeit mit Großvater verbracht und entgegen Mums und Dads Worten war sein Einfluss nicht nur schlecht. Plötzlich sah ich diese Situation aus seiner Sicht. Was würde Pop tun, wenn jemand im Altenheim ihn in ihr oder sein Büro rufen und ihm schlechtes Benehmen vorwerfen würde? Er würde den Kopf nicht hängen lassen, selbst wenn er wüsste, dass er im Unrecht ist. Falls er sich im Recht fühlte, dann ... haltet euch die Nase zu, denn dann wäre die verknorkte Kacke verknorkt gewaltig am Dampfen. Und ich *hatte* nichts Unrechtes getan. Warum verhielt ich mich dann so? Ich hob den Kopf und schaute Miss Cunningham in die Augen. Meine Angst hatte sich wie durch ein Wunder verflüchtigt.

»Ich habe keinen Ärger gemacht, Miss Cunning-ham«, sagte ich. »Ich habe protestiert.«

»Weil in unserer Kantine Fleisch serviert wird.«

»Ja.«

»Und hast du die Erlaubnis für deinen Protest ein-geholt, bevor du dich mit einem abstoßenden Plakat vor die ganze Schule gestellt hast?«

»Nein. Ich brauche keine Erlaubnis, um die Wahrheit zu sagen. Und nichts anderes hat mein Plakat getan. Aber ich weiß, was wirklich ärgerlich ist, Miss Cunning-ham. Wenn eine Schule die freie Meinungsäußerung zu unterbinden versucht.«

Das saß, Junge, Junge. Miss Cunningham nahm einen interessanten Rotton an, ihre Augen verwandelten sich in Granitsplitter und ihr Mund wurde zu einem Schlitz. Zu jeder anderen Zeit hätte ich mir wahrschein-lich ins Hemd gemacht, aber wie gesagt, ich war ... die Ruhe selbst.

»»Jeder Burger, den du in dieser Kantine kaufst, ist ein Nagel am Sarg der Welt.«« Miss Cunninghams Stim-me wurde noch lauter, was ich rein anatomisch nicht für möglich gehalten hätte. Bilder an der Wand schep-perten. »Das ist eine dumme Übertreibung, Rob. Und wie hat sich wohl unsere Kantinenbelegschaft gefühlt, was glaubst du? Sie versuchen, ihren Lebensunterhalt zu verdienen. Hast du daran gedacht, als du deinen kin-dischen Protest erhoben hast?«

Das hatte ich nicht, aber mir fiel auf, dass das Argument vom Eigentlichen ablenkte. Das hielt ich nicht für fair.

»Ich sage ja gar nicht, dass Schüler ihr Essen nicht in der Kantine kaufen sollten, Miss Cunningham. Ich bitte sie nur, darüber nachzudenken, was es bedeutet, Fleisch zu essen. Sie behaupten, ich übertreibe, aber das tue ich nicht. Fleisch zu essen, ist schlecht für die Welt. Vielleicht sollte in der Kantine gesundes vegetarisches Essen verkauft werden. Das wäre gut fürs Geschäft und für die Schüler. Auf dem Speiseplan steht fast nichts Vegetarisches, und wenn die Fritteuse den Geist aufgeben würde, stünde überhaupt nichts darauf. Die Farbe Grün kommt im Angebot nicht vor.«

Ich hätte noch mehr sagen können, doch Miss Cunningham war nicht in der Stimmung für eine Diskussion über gesunde Ernährung. Sie schloss mich drei Tage vom Unterricht aus.

Ich glaube, das war dafür, dass ich ihr widersprochen hatte, und nicht, weil ich das Leben des Kantinenpersonals ruiniert hatte, aber wahrscheinlich spielt es keine Rolle. Ich wartete auf dem Flur, während die Leute im Sekretariat Großvater anriefen. Er steht auf der Kontaktliste für Notfälle, weil Mum und Dad beide arbeiten. Die Schule rief sie trotzdem an. Es dauerte eine halbe Stunde, bis Großvater kam, um mich abzuholen. Er ist selbst mit Gehstock etwas wackelig auf den Beinen, aber er kommt, wie er selbst sagt, überallhin, wo er hinwill. Irgendwann.

»Junge«, sagte er, nachdem er im Sekretariat unterzeichnet hatte, was unterzeichnet werden musste, und ich in seine Obhut übergeben worden war, »vom Unterricht ausgeschlossen, wie?« Er warf einen Blick auf das Plakat, das an meinen Knien lehnte. »Du bist eine Gefahr für die Gesellschaft. Nicht mehr und nicht weniger als ein vegetarischer Terrorist. Entschuldige mich einen Moment.«

Großvater öffnete, ohne anzuklopfen, die Tür zum Büro der Rektorin und marschierte direkt hinein. Ich habe keine Ahnung, was er sagte, da er die Tür hinter sich schloss und so selbst Miss Cunninghams Gebrüll gedämpft wurde. Aber ich vermute mal, er hat ihr offen seine Meinung bezüglich ihrer Eignung für den Job einer Rektorin gesagt. Vermutlich fiel ziemlich oft das Wort »verknorkt« (nicht aus dem Mund von Miss Cunningham). Wie sagte Pop einmal? Wenn du einen Krieg mitgemacht hast und kurz davor bist, den Löffel abzugeben, ins Gras zu beißen, deine Chips einzuwechseln, den Sack zuzumachen, auszuchecken, hopszugehen, abzutreten und die Radieschen von unten zu betrachten, ist es dir schnurzegal, ob du anderer Leute Gefühle verletzt.

Nicht dass Großvater sich jemals darüber Gedanken gemacht hätte.

36

»Du bleibst *nicht* ohne Aufsicht zu Hause«, bestimmte Mum. »Computerspiele machen oder fernsehen oder Musik hören ist in meinen Augen keine Strafe.«

Mum ist anders als Großvater. Vom Unterricht ausgeschlossen zu werden, ist für sie ein klarer Schuldbeweis. Selbst im Fall einer Verwechslung, wenn ich beweisen könnte, dass ich zur Zeit des mir zur Last gelegten Verbrechens in einem anderen Bundesstaat war, würde sie der Schule recht geben.

»Du machst mich nicht froh, Rob«, sagte sie. Ich schnippelte Gemüse fürs Abendessen. Ich hatte versprochen, für alle eine Gemüsepfanne zuzubereiten. Dad hatte den Vorschlag mit deutlich eingeschränkter Begeisterung aufgenommen. »Ich werde dich deshalb morgens zu Großvater bringen und nach der Arbeit dort wieder abholen.«

»Dann hältst du Großvater also für eine Strafe?«

Mum verschränkte die Arme.

»Ich weiß nicht, was in letzter Zeit in dich gefahren ist. Wirklich nicht. Du entwickelst dich zu einem Klugscheißer, und ich hätte nie gedacht, dass ich dich einmal so nennen würde. Du gibst mir Widerworte ...«

»Ich gebe keine Widerworte ...«

»Gerade tust du es doch wieder. Ich habe gelesen, dass Kinder sich, wenn sie in die Pubertät kommen, plötzlich verändern, schrecklich und unausstehlich werden. Aber ich hätte nie gedacht, dass du auch so werden würdest.«

Ich wollte sie darauf hinweisen, dass sie überreagierte, vermutete aber, dass es die Situation nicht beruhigen würde. Also schnippelte ich weiter Gemüse, während sie sich weiter darüber ausließ, was für eine Schande es sei, ein Kind zu haben, das vom Unterricht ausgeschlossen wurde, dass dies nicht noch einmal vorkommen dürfe und dass sie und Dad vielleicht zu nachsichtig mit mir waren. Ich ließ ihre Worte an mir abprallen, weil ich wusste, sie war verletzt und verunsichert und besorgt. Aber ich hätte ihr gern gesagt, dass mit dem schüchternen, sich ständig zurücknehmenden, *verängstigten* Rob Fitzgerald zwar vielleicht leichter umzugehen war, er aber im Grund unglücklich war. Jetzt gewann ich Selbstvertrauen – keine riesigen Mengen, zugegeben, aber etwas – und konnte einen Blick auf die Person erhaschen, die ich vielleicht einmal werden würde. Das machte mich ... glücklich. Aber ich durfte auch nicht vergessen, dass Mum diesen Weg möglicherweise als genauso steinig empfand wie ich. Vielleicht als noch steiniger. Und ich sollte Zugeständnisse machen, wo ich konnte.

»Was willst du heute unternehmen?«, fragte Pop. »Wir könnten uns einen Film ausleihen oder in ein Pub gehen, uns betrinken und leichte Mädchen aufgabeln.«

Ich war um halb acht im Altenheim eingetroffen, doch Großvater sagte mir, er sei schon seit zwei Stunden auf. *Das kommt mit dem Alter. Man steht immer früher auf und stellt fest, dass die Blase während der Nacht keine halbe Stunde dicht hält.* Das war mir entschieden zu viel Information, aber ihn hatte das noch nie aufgehalten.

»Ich habe strikte Anweisungen, Pop«, erklärte ich. »Ich muss bis Viertel vor vier, wenn der Unterricht offiziell endet, so viel für die Schule arbeiten, wie ich kann, darf nicht an meinem Handy zocken, nicht fernsehen oder mich in irgendeiner anderen Weise vergnügen.«

»Dann hat deine Mutter es nicht ausdrücklich *verboten*, dich zu betrinken und leichte Mädchen aufzugabeln?«

»Ich weiß, was ich später machen will, Großvater«, sagte ich.

»Du willst Schach spielen lernen.«

»Will ich das?«

»Ja. Du weißt es nur noch nicht. Aber ich werde es dir beibringen und dich dann haushoch besiegen.«

»Wow, das klingt ausgesprochen verlockend, da kann ich unmöglich Nein sagen. Aber ich weiß schon, was ich tun will, nachdem du mir das Schachspielen beigebracht und mich haushoch besiegt hast.«

»Was?«

»Mit Trixie Gassi gehen.« Es stimmte. Der wild gewordene Wischmopp wuchs mir langsam ans Herz, und das nicht, weil ich Destry Camberwick sehen wollte. Der Hund legte Selbstvertrauen an den Tag, auch wenn es keinen Grund dafür gab. Vielleicht hatte ich mehr mit ihm gemein, als ich dachte.

»Verknorkt noch mal«, murmelte Großvater. »Wenn jemand eine Mitschrift dieser Unterhaltung lesen würde, wüsste er nicht, wer der Dreizehnjährige ist und wer der alte Furz.« Er wies anklagend mit dem Finger auf mich. »Ich will sein wie du, wenn ich groß bin.«

Großvater brachte mir das Schachspielen bei und schlug mich dann haushoch. Zwei Mal. Danach machten wir uns auf die Suche nach dem WWM. Agnes übergab mir Trixie nur zu gern.

»Ich kann nicht mehr so weit laufen wie früher«, ließ sie mich wissen. »Werde nie alt, Rob. Einen besseren Rat kann ich dir nicht geben.«

»Ich habe es ganz gewiss nicht vor«, meinte Großvater.

»Du«, schimpfte Agnes, »bist der größte und kindischste Idiot, den ich je gekannt habe. Und ich war früher in der Politik«, fügte sie hinzu, »wo die Messlatte für Idiotie besonders hoch liegt.«

»Ich glaube, sie hat sich ernsthaft in mich verliebt«, bemerkte Pop, nachdem wir etwa einen halben Kilometer gegangen waren. »Kein Wunder. Sie ist auch nur ein Mensch.«

»Sie kann es sehr gut verbergen, Pop«, bemerkte ich.

»Lass dich nicht täuschen, Junge. Sie findet mich ganz klar unwiderstehlich. Ihre Beleidigungen sind eine lächerliche und völlig durchschaubare Tarnung für ihre wahren Gefühle. Nein. Es ist ganz offensichtlich, dass sie was für mich übrig hat.« Er saugte einige Augenblicke an seinen Zähnen und ich kam in den Genuss eines kurzen Pfeifkonzerts. »Allerdings«, fügte er hinzu, »*könnte* dieses Etwas auch ein Baseballschläger sein.«

Obwohl ich großen Ärger mit Mum und Dad hatte und mir in der Schule keinen Gefallen getan hatte, war es ein herrlicher Nachmittag. Nur Großvater und ich im Park. Wir versuchten, Trixie in Schach zu halten, und lachten viel. Wir lachten jede Menge. Versteh mich nicht falsch. Die Schule fehlte mir. In der Pause mit Andrew abzuhängen, fehlte mir. Und ein Teil von mir war der Meinung, ich hätte meinen Protest besser planen, die

Gefühle anderer Leute mehr berücksichtigen sollen. Ja, darin lag eine Teilschuld.

Seltsamerweise dachte ich an Destry Camberwick erst, als wir wieder in Pops Apartment waren. Und als ich an sie dachte, raste mein Puls nicht gerade. Er joggte in einem gesunden Tempo dahin, aber er *raste* nicht.

37

So halb erwartete ich an dem Tag, an dem der Milltown's Got Talent-Wettbewerb stattfand, dem Tag, an dem mein Unterrichtsausschluss endete, eine SMS von meinem geheimnisvollen Schreiber zu bekommen. Vielleicht aufmunternde Worte oder die Frage, ob ich überhaupt teilnahm. Seit der letzten Herausforderung hatte es keinerlei Kommunikation gegeben, und ich wusste nicht, ob es bedeutete, dass der Schreiber Vertrauen in mich hatte und davon ausging, dass ich mich der Situation gewachsen zeigen würde, oder ob er das Interesse an mir verloren hatte.

Andrew kam in der Pause zu mir.

»Ich habe mich heute mit Destry Camberwick unterhalten und das Gespräch kam auf dich.«

Ich erinnere mich, irgendwann gesagt zu haben, dass die Erwähnung von Destrys Namen mein Herz nicht mehr zum Rasen brachte. Vielleicht war diese Aussage voreilig. Andrews Worte waren wie ein Schlag in die Magengrube, und mein Herz versuchte verzweifelt, aus meiner Brust in die Freiheit zu springen, und hämmerte gegen meine Rippen. Ich bemühte mich, die Kontrolle zurückzuerlangen. Es war wichtig, cool auf diese Nachricht zu reagieren, vielleicht eine Augenbraue zu heben und etwas wie »Destry wer?« zu fragen.

»OH MEIN GOTT!«, kreischte ich. »Was hat sie über mich gesagt?«

»Wir sprachen über deinen Protest vor der Kantine.«

»Und?«

»Sie sagte, sie fand es cool.«

»Was?«

»Cool. Sie sagte, es sei cool gewesen.«

Ich wollte ihm schon eine volle Tüte Fritten um die Ohren hauen, aber offenbar war das eine Situation, die Taktgefühl und Diplomatie erforderte.

»Andrew, du wiederholst jetzt die gesamte Unterhaltung. Auf der Stelle. Oder ich schlage dir den Schädel ein.«

Andrew schaute mich ratlos an. »Ich erinnere mich nicht mehr an die gesamte Unterhaltung. Kann ich einfach nur die Highlights wiedergeben?«

»›Cool‹ war ein Highlight?«

Andrew seufzte. »Okay, ich habe darüber gesprochen, wie mies unsere Kantine ist und dass es jeden Tag dasselbe gibt. Du weißt schon: ›Warum kann es keine größere Auswahl geben? Im Moment kann man sich nur entscheiden zwischen Pommes, Kartoffelspalten und Pies.‹ Und sie hat gesagt: ›Genau, und Burger und Chiko-Rollen.‹ Und ich habe gesagt …«

»Ja, lass gut sein, Andrew. Komm bitte zu dem, was über mich gesagt wurde. Ich muss doch nicht die gesamte Unterhaltung hören.«

»Aber du hast doch gerade gesagt …«

»Sag mir nicht, was *ich* gesagt habe. Sag mir, was *sie* gesagt hat. Ich weiß, was ich gesagt habe. Was sie gesagt hat, weiß ich nicht.«

»Manchmal hasse ich dich, Rob. Ich finde, du solltest das wissen.«

Ich wedelte aufmunternd mit der Hand.

Andrew seufzte erneut. »Okay. Destry hat gesagt: ›War das nicht dein Freund Rob Soundso, der neulich vor der Kantine protestiert hat?‹«

»Sie wusste meinen Namen?«

»Nur den Vornamen. Es sei denn, du hast deinen Nachnamen geändert, ohne mich darüber zu informieren, und heißt jetzt Rob Soundso.«

»Sie kennt meinen Vornamen«, flüsterte ich. Ein rosiges Leuchten überzog meinen ganzen Körper.

»Und ich habe gesagt: ›Klar. Rob Fitzgerald, wahrscheinlich die großartigste, engagierteste und netteste Person im ganzen Bundesstaat. Vielleicht in ganz Australien. Mit Sicherheit an dieser Schule.‹«

»Das hast du nicht gesagt!«

»Nein, hab ich nicht. Aber zehn Minuten später, als es zu spät war, wünschte ich, ich hätte es gesagt. Findest du es nicht auch furchtbar, wenn so etwas passiert?«

»Was hat sie dann gesagt?«

»Dann hat sie gesagt, sie fand es cool.«

»Das war's?«

»Was willst du denn noch?«

»Hat sie gesagt, *es* sei cool oder *ich* sei cool?«

»Weiß nicht mehr. Meine Güte. Langsam wünsche ich, ich hätte es nicht erwähnt.«

»Ich auch.«

Andrew erhob sich von der Bank. An seinem versteinerten Blick und den zusammengepressten Lippen erkannte ich, dass ich ihn verärgert hatte. Er glich Mum aufs Haar, abgesehen von Geschlecht, Alter und Outfit. »Ich will dir mal was sagen«, fauchte er. »Mit dem ganzen Kantinenzeug hab ich nur angefangen, weil ich dir helfen wollte – du weißt schon, ein Freund sein, ein Kumpel. Ich habe nach einer Möglichkeit gesucht, dich ins Gespräch zu bringen. Weshalb sollte ich mich darüber beklagen, dass es in der Kantine nur Burger, Fritten und Kartoffelspalten gibt? Ich *esse* nur Burger, Fritten und Kartoffelspalten.« Er stopfte sich eine Fritte in den Mund, wie um das zu beweisen. »Hätte ich mir die Mühe nur nicht gemacht. Du bist eine undankbare Dumpfbacke.«

Da fiel ich in mich zusammen. Nicht unbedingt wie ein Luftballon, aber gar zu weit hergeholt ist der Vergleich auch nicht. »Sorry, Andrew. Ich wollte nicht, dass du empfindest, wie es schärfer nage als Schlangenzahn, 'nen undankbaren Freund zu haben!«

Er drückte mir einen Finger zwischen die Augen.

»Ist das wieder so ein Shakespeare-Ding?«

»Sorry. *König Lear* dieses Mal.«

»Ich hasse es, wenn du das machst«, schnaubte er. Aber ich wusste, dass wieder alles gut war zwischen uns. Ich kann gut Tonlagen einschätzen.

38

»Großvater?«

Er grunzte. Wir saßen auf einer Bank vor dem See beim Palast der alten Fürze. In der Mitte des Sees war ein Springbrunnen, aber etwas stimmte nicht mit ihm. Es kam nur ein halbherziges Tröpfeln heraus wie bei einem müden Gartenschlauch. »Erinnert mich an meine Blase«, murmelte Großvater. Obwohl er mich zwei Mal beim Schach geschlagen hatte, war er grantig. Ich sah es an der Art und Weise, wie er Brotkrumen *auf* die Enten warf und nicht vor sie hin. Es schien ihnen nichts auszumachen. Großvater Grantig war schließlich nichts Neues.

»Danke für die Information, Pop. Ich weiß nicht, wie ich einen weiteren Tag ausgehalten hätte ohne ein Update zu deinen Blasenproblemen.«

»Erinnere mich nicht daran, Junge ...«

»Erzähl mir was über Großmama«, bat ich.

Er ließ mitten im Wurf den Arm sinken und blickte

mich grimmig an. Pops Augen sind oft blutunterlaufen, und heute war keine Ausnahme, sodass es fast furcht-einflößend wirkte. Ich lächelte, doch an seiner Miene änderte sich nichts. Wir saßen vier, fünf Herzschläge lang da, ohne uns aus den Augen zu lassen. Aus dem Augenwinkel sah ich, wie ein paar Enten zu uns herauf-schauten, wahrscheinlich verwundert über den plötz-lichen Waffenstillstand. Wir glichen einem Standbild, bis auf den Springbrunnen, der weiter vor sich hin tröpfelte.

»Warum?«, fragte Großvater schließlich. Es war, als quetschte er das Wort zwischen widerspenstigen Lip-pen hervor.

»Weil ich nichts über sie weiß.«

»Na und?« Schließlich wandte sich Großvater wieder dem See zu. Er brach ein Stück Brot ab und warf es einer Schar Enten zu. Sie zuckten instinktiv zusammen, als er den Arm hob, und zankten sich dann um das Bröckchen Brot.

»Ich weiß nichts über dein Leben, Großvater. Nicht wirklich. Ich weiß, dass du verheiratet warst, aber nicht, mit wem. Ich habe keine Ahnung, ob sie starb oder ob ihr geschieden wurdet. Warst du glücklich, warst du unglücklich? Was ist passiert, als es endete ...?«

»Rob ...« Pop hob eine Hand als Stoppzeichen, aber ich war nicht in Stimmung, den Mund zu halten. Ich hatte fast mein ganzes Leben lang den Mund gehalten, wenn man mich dazu aufgefordert hatte, und ich hatte die Nase voll davon.

»Du hast Geheimnisse vor mir, Großvater, und das gefällt mir nicht.« Ich spürte, wie mir Tränen in die Augen schossen. Das war bescheuert. Warum weinte ich? Bis eben war ich nicht emotional gewesen. Ich hatte auch nicht vorgehabt, das Thema anzuschneiden. Ich wollte eigentlich nur das Übliche tun – zusammen abhängen, Kumpel sein. Witze machen. Doch jetzt, da ich angefangen hatte, konnte ich nicht mehr aufhören. »Du warst im Krieg, aber du sprichst nie darüber. Ich weiß nicht einmal, in welchem Krieg du gekämpft hast. Ich habe Mum gefragt, und sie meinte, du würdest nicht gern darüber reden. Also habe ich mir gesagt: ›Okay, ich muss Großvaters Gefühle respektieren. Er möchte über etwas nicht reden, also sollte ich so tun, als sei es nie passiert. Ich sollte so tun, als hätte es meine eigene Großmutter nie gegeben.‹« Ich wollte noch viel mehr sagen, doch Tränen liefen mir über die Wangen, und meine Kehle war wie zugeschnürt.

Großvater legte eine raue Hand auf meine, aber ich konnte nicht reagieren. Ich konnte ihm nicht einmal in die Augen schauen.

»Bitte, Rob. Nicht weinen. Ich kann es nicht haben, wenn du weinst. Hör zu, Kumpel, manchmal muss man Dinge für sich behalten. Du erzählst mir nicht alles und das ist in Ordnung. Wir alle müssen gewisse Dinge wegschließen. Würden wir es nicht tun, könnten wir am Ende verletzt werden. Du weißt das. Selbst in deinem Alter weißt du das schon.«

»Nein«, widersprach ich. »Ich will nicht *deine* Geheimnisse erfahren, sondern meine. Ich habe eine Großmutter und sie ist eine vollkommen Fremde. Ich habe einen Großvater und auch über ihn weiß ich nicht viel mehr. Ich bin dein Enkel und du schuldest mir Antworten, sonst ...«

»Sonst was?«

Ich schniefte und wischte Rotz von meiner Oberlippe.

»Sonst habe ich, wenn du stirbst, nur ein Kreuz, das im Boden steckt, und Fragezeichen in meinem Kopf.«

Es entstand eine Pause. Dann lachte Großvater. Aber es war ein freundliches Lachen.

»Du hast mich vor Agnes *und* Jim gesetzt? Wow. Ich dachte nicht, dass ich *so* schlecht aussehe ...«

»Das ist kein Scherz, Großvater.«

»Nein. Du hast recht.«

Er erhob sich und griff nach seinem Stock, der seitlich an der Bank lehnte. Er versuchte, sich nichts anmerken zu lassen, doch selbst das Aufstehen bereitete ihm Schmerzen. Nur ein kurzes Aufblitzen in den Augen, dann war es vorbei.

»Begleite mich zurück in mein Apartment, Junge, dann erzähle ich ein paar Dinge aus meinem ziemlich langweiligen Leben. Ich hab's durchlebt und selbst mir kam es unspektakulär vor. Aber … nicht mein Problem, wenn du dich langweilen willst.«

»Langweile mich, Großvater«, sagte ich. »Langweile mich zu Tode.«

»Wenn du es so haben willst …«

Ich lächelte.

»Noch etwas«, fügte er hinzu. »Keine Kreuze.«

»Was?«

»Ich will nicht, dass ein Kreuz in den Boden gesteckt wird. Verbrenne mich bitte, Rob.«

»Feuerbestattung?«

»Genau. Aber stell sicher, dass ich vorher tot bin.«

Großvater ging den gewundenen Pfad hinauf. Zu unserer Rechten sahen wir Jim, der mit der einzigen Ente redete, die sich nicht von Großvaters Artilleriefeuer hatte verführen lassen. »Ich an deiner Stelle würde es in einer Feuerstelle hier auf dem Gelände machen. Es würde eine Menge Geld sparen. Was aber noch viel wichtiger wäre: Die verknorkten Bastarde, die das Ding hier leiten, würden sich schwarzärgern.«

»Darüber macht man keine Witze.«

Großvater blieb stehen. »Oh, Junge, genau *darüber* macht man Witze. Außerdem meine ich es ernst. Mach vor dem See ein Freudenfeuer mit mir. Veranstalte eine Grillparty. Dann könnte ich die Leute auch nach meinem Tod noch ärgern, während eine Wurst serviert wird, und ich kann dir nicht sagen, wie glücklich mich das macht würde. Allerdings wäre ich dann natürlich tot. Trotzdem ...«

»Großvater«, sagte ich, »halt den Mund.«

Er tat es.

Glaub mir, das passiert nicht oft.

39

»Ich geh', und 's ist getan: Die Glocke mahnt. Hör sie nicht, Duncan, 's ist ein Grabgeläut', das dich zu Himmel oder Höll' entbeut.«

Ich widerstand der Versuchung, von der Bühne zu rennen, aber es fiel schwer. Die Szene verlangte ein ruhiges, etwas steifbeiniges Gehen – ein halb entschlossener, halb resignierter Macbeth trifft seine Entscheidung und geht nicht nur einem Mord, sondern auch seinem eigenen Schicksal entgegen. Andrew sagte mir später, es habe ausgesehen, als hätte ich mir in die Hose gekackt und versuchte verzweifelt zu verhindern, dass ein großer Haufen mein Hosenbein hinunterrutscht und auf die Bühne plumpst. Er ist mir nicht immer eine Stütze, der Andrew.

Als ich die Seitenbühne erreichte, wäre ich vor Erschöpfung und nervöser Anspannung fast zusammengebrochen. Aber ich hielt mich auf meinen zitternden

Beinen. Ich wusste, dass jetzt die Zeit gekommen war, wenn der Applaus des Publikums – *der ganzen verknorkten Schule* – mir sagen würde, ob ich erfolgreich war oder nicht, ob ich die Zuschauer erreicht hatte. Vor mir war eine Heavy-Metal-Band dran gewesen und sie war richtig gut angekommen. Die Deckenbalken vibrierten zwar nicht unbedingt, aber sie haben gepocht. Ein wenig wie die Köpfe der Zuhörer. Während ich wartete, sah ich Destry Camberwick vor meinem fiebrig glänzenden geistigen Auge, wie sie sich mit Tränen in den Augen an den Busen fasste und seufzte, als ich von der Bühne abging.

Vielleicht wälzte sie sich aber auch in einem unkontrollierbaren Lachanfall auf dem Boden.

Nach meinem Auftritt herrschte Schweigen. Ich sagte mir, dass dies sowohl ein gutes als auch ein schlechtes Zeichen sein konnte. Möglicherweise war das Publikum ergriffen von der Kraft meines Auftritts. Es konnte ein paar Sekunden dauern, bis sie ihre Gefühle wieder unter Kontrolle hatten, doch dann würde der Applaus aufbranden. Die Deckenbalken würden nicht nur vibrieren, sondern vielleicht sogar herunterkrachen.

Hier ist etwas Kontext:

Ich hatte eine qualvolle Viertelstunde hinter der Bühne auf meinen Auftritt gewartet. Sämtliche Symptome einer Panikattacke waren auf mich eingestürmt. Ich hatte Mühe zu atmen. Die Luft schien ein

Festkörper zu sein. Es war, als versuchte ich, gezackte Felsen einzuatmen, die meine Luftröhre nicht hinunterbrachte. Meine Ohren klingelten (sogar schon vor dem Auftritt der Heavy-Metal-Band), und ich fürchtete, ich müsste mich übergeben. Ich versuchte es mit sämtlichen Taktiken. Ich atmete tief durch. Ich wandte Entspannungstechniken an, die mir in der Vergangenheit geholfen hatten. Es half alles nichts. Ich hatte immer noch entsetzliche Angst. Ich wartete, während die anderen Akteure auftraten. Alle schienen Spaß zu haben, waren selbstbewusst und glücklich, selbst wenn sie ihren Auftritt verpatzten. Es gab drei Bands, einen schlechten Komiker und jemanden, der Personen parodierte, die niemand erkannte. Selbst bei ihm wurde freundlich applaudiert.

Hier ist mein Ergebnis:

Ich starb.

Das ist ein Ausdruck aus dem Showbusiness.

Ich starb.

Die Schüler fanden es nicht einmal schrecklich. Buhrufe wären zumindest der Beweis gewesen, dass ich sie erreicht hatte. Wenn sie die Bühne gestürmt und mich aus der Stadt gejagt hätten, geteert und gefedert und auf einen Pfahl gebunden, wäre das eine *Reaktion* gewesen, wenn auch nicht die, die ich erhofft hatte. Nur die Lehrer applaudierten und vermutlich Andrew. Woher weiß man, ob Lehrer applaudieren oder Schüler?

Keine Ahnung, aber ich bin sicher, es war so. Mitleid und professionelles Pflichtgefühl tröpfelten durch die Luft zu mir herüber.

Im Rückblick weiß ich, dass ich damit hätte rechnen müssen. Mein Auftritt und eine langweilige Englischstunde waren siamesische Zwillinge, die bei der Geburt getrennt wurden, und das Publikum wäre wahrscheinlich nicht überrascht gewesen, wenn ich alle, als ich fertig war, einen Aufsatz hätte schreiben lassen. Vielleicht hatte ich die Zuschauer auch wie ein Bühnenhypnotiseur schlafen gelegt.

Es spielte keine Rolle.

Ich hatte es getan. Ich war auf die Bühne gegangen und vor achthundert Leuten aufgetreten. Wen kümmerte es schon, ob es ihnen gefallen hatte oder nicht?

Mich, um ehrlich zu sein. Aber ich hatte überlebt.

So langsam glaubte ich, ich könnte fast alles überleben.

40 Die Schule hatte darauf bestanden, dass ich mich beim Kantinenpersonal entschuldige, bevor ich am Talentwettbewerb teilnehmen konnte.

Bevor man nach einer Suspendierung zurückkommen darf, besteht Milltown für das Wohl der Schüler auf einem Gespräch mit dir, deinen Eltern und dem stellvertretenden Rektor.

Großvater wollte auch an dem Gespräch teilnehmen, doch meine Eltern lehnten ab. Wäre Großvater aufgetaucht, hätten die Lehrkräfte sich unter ihren Schreibtischen verschanzt, letzte SMSe an ihre Lieben verschickt und um polizeiliche Unterstützung gebeten. So aber hatten Mum und Dad zu allem genickt, was der stellvertretende Rektor sagte, und mich von Zeit zu Zeit missbilligend angeschaut. Halb erwartete ich, dass sie auf die Knie fielen und seine Schuhe küssten, doch so weit kam es nicht.

Die Entschuldigung beim Kantinenpersonal war peinlich.

»Es tut mir leid, wenn ich Sie beleidigt habe«, sagte ich zu Mrs Appleby. Eigentlich wollte ich noch hinzufügen, dass mein Protest nicht gegen sie persönlich gerichtet war, doch ich wollte die ganze Sache so schnell wie möglich hinter mich bringen.

»Du hast mich nicht beleidigt, Kleiner.« Mrs Appleby ist eine stattliche und furchteinflößende Frau mit einem gewaltigen Busen. Es muss eine entsetzliche Last sein, den mit sich herumzuschleppen. Wenn sie sich dir zuwendet, hast du das Gefühl, in der Schusslinie zu stehen. »Ich stimme dir sogar zu«, fuhr sie fort. »Das Zeug, das wir hier verkaufen, ist der letzte Dreck.«

Der stellvertretende Rektor versuchte, die Unterhaltung wieder ins richtige Fahrwasser zu lenken.

»Entscheidend ist doch, dass Rob etwas Falsches getan hat ...«

Mrs Appleby ignorierte ihn. Obwohl sie ihm nicht einmal ihren Busen zuwandte, hielt der stellvertretende Rektor den Mund.

»Frittierter Dreck. Pommes, Pommes und noch mal Pommes. Der Himmel weiß, wie viele Herzinfarkte durch uns in der nächsten Generation vorprogrammiert sind ...«

»Ja, vielen Dank, Mrs Appleby ...«

Sie ließ sich nicht aufhalten. »Ich hab's ihnen gesagt,

aber es hört ja keiner zu. ›Wie wär's mal mit Salat?‹, habe ich gefragt. ›Oh nein, damit verdient man nichts. Gib ihnen Cholesterin, bis es ihnen aus den Poren rauskommt.‹ Wir nehmen das Geld der Kinder und geben ihnen Gift dafür. Im Grund sind wir Drogenhändler. Wir verkaufen den Tod und außer unserem Gewinn kümmert uns nichts ...«

»Nun, vielen Dank, Mrs App...«

»Ein paar Burger mit Zeug, das man eigentlich wegschmeißen müsste – Darmschleimhaut, Hirn, Leber und Hoden ...«

»Ja ...«

»Ich esse es nicht und lass auch nicht zu, dass meine Familie es isst. Um nichts in der Welt. Ein sich im Wachstum befindender Geist und Körper braucht ...«

»Mrs Appleby.« Der stellvertretende Rektor war sichtlich erregt. »Sie leiten diese Kantine.«

»Ja.« Sie wandte sich ihm zu. Er zuckte zusammen, als ihr Busen beidrehte, zog aber nicht den Kopf ein. »Für einen Franchise-Besitzer, dem gesundes Essen gleichgültig ist. Aber mir reicht's. Ich bin weg.« Sie nahm ihre Handtasche vom Kantinentresen.

»Aber Sie können jetzt nicht gehen, Mrs Appleby«, rief der stellvertretende Rektor. »Gleich fängt für die ersten Schüler die Mittagspause an ...«

Egal. Mrs Appleby stürmte zum Lehrerparkplatz und wo sie ging, stoben Grüppchen kleiner Kinder auseinander. Der stellvertretende Rektor und ich schauten ihr schweigend nach, bis sie aus unserem Blickfeld verschwand. Schließlich drehte er sich zu mir um.

»Hoffentlich hast du daraus etwas gelernt, Rob«, sagte er.

Ich nickte in einer, wie ich hoffte, betretenen Art und Weise.

»Unbedingt«, erwiderte ich.

Mrs Appleby kam, nebenbei bemerkt, fünf Minuten, nachdem sie davongestürmt war, wieder zurück.

»Eine Tüte Fritten, Kleiner?«, fragte sie mich, als sie an mir vorbeiging.

»Ich dachte, Sie seien weg«, antwortete ich.

»Nur für eine Zigarette. Ich muss meinen Lebensunterhalt verdienen und diese Fritteusen schalten sich schließlich nicht von allein an.«

Und so hatte ich an meinem üblichen Tisch vor der Kantine gesessen, hatte eine Tüte Fritten gegessen, über meinen bevorstehenden Auftritt bei Milltown's Got Talent nachgedacht und gehofft, dass die Fritten keine dramatische Rückkehr auf der Bühne hinlegen würden.

41 Montag. Ich saß an meinem üblichen Tisch vor der Kantine, aß eine Tüte Fritten und durchlebte in Gedanken noch einmal meinen Auftritt bei Milltown's Got Talent.

Daniel Smith patrouillierte ein Stück rechts von mir vor der Jungentoilette. Miss Pritchett patrouillierte irgendwo links von mir. Daniel baute sich oft vor den Toiletten auf, wahrscheinlich in der Hoffnung, dass ich mal musste und Miss Pritchett mir nicht folgen konnte. Ich hätte ihm sagen können, dass ich nie eine öffentliche Toilette benutzte. Gar nie. Dass ich lieber sterben würde, als irgendetwas anderes als meine eigene Toilette in unserem eigenen Haus zu benutzen. Aber ich ging davon aus, dass er diese Information nicht wirklich *brauchte*, und außerdem: Wer war ich, dass ich mich einmischte, wenn er auf diese gruselige Art vor der Jungentoilette herumtigern wollte?

Trotzdem wurde ihm offenbar langweilig, denn er

machte gelegentlich einen Schritt auf mich zu. Miss Pritchett tat dasselbe, was ihn wieder zum Rückzug zwang. Dann versuchte er es erneut, wenn er glaubte, sie würde nicht herschauen, und die ganze Sache begann von Neuem.

Es glich einem langsamen und höchst merkwürdigen Tanz. Oder einer langweiligen gif-Animation. Sie hätten damit am Talentwettbewerb teilnehmen sollen und wären besser angekommen als ich mit meinem Auftritt.

Ich hielt den Kopf gesenkt und steckte noch eine Fritte in den Mund. Ein Schatten fiel über den Platz mir gegenüber. Ich brauchte nicht aufzuschauen. Es gibt nur einen Menschen, der sich zu mir setzt – zwei, wenn man Daniel Smith mitzählt, doch normalerweise fragt er mich im Stehen, ob es mir die Sprache verschlagen hat. Und er tanzte immer noch mit Miss Pritchett.

»Hältst du mich für einen verknorkten Loser?«, fragte ich. »Sei ehrlich.«

»Vielleicht«, antwortete eine engelsgleiche Stimme. »Aber man kann dem ersten Eindruck nicht immer trauen.«

Ich riss den Kopf hoch, während im selben Moment mein Unterkiefer herunterklappte und mir die Augen aus den Höhlen springen wollten. Schweiß tropfte von meiner Stirn und bildete einen beeindruckenden See auf dem Tisch. Ich versuchte zu sprechen, doch mein

Gehirn hatte die Arbeit eingestellt und sich in unbekannte Gefilde verzogen.

Destry Camberwick saß mir gegenüber.

Sie war im wirklichen Leben so fantastisch wie ... Na ja, ich hatte sie bisher natürlich nur im wirklichen Leben gesehen. Doch sie hatte mir noch nie gegenübergesessen. Das war Wirklichkeit. Das war wirklich Wirklichkeit! An dieser Wirklichkeit war nichts Unwirkliches.

»Äh, äh, äh, hm, hm, äh.« Offenbar versuchte ich zu *beweisen*, dass ich ein verknorkter Loser war. Sie streckte mir über den Tisch hinweg die Hand hin. Eine Haarsträhne fiel ihr über das linke Auge und sie musste sie zurückstreichen. Ein kleiner Teil von mir schrumpfte und starb.

»Ich bin Destry«, stellte sie sich vor.

»Ich weiß«, antwortete ich. Dann hätte ich mir am liebsten auf die Zunge gebissen. Warum hatte ich das gesagt? Die richtige Antwort darauf wäre gewesen: *Tatsächlich? Freut mich, dich kennenzulernen. Ich bin Rob Fitzgerald, aber du kannst mich Rob nennen oder Fitz, wenn du magst. Freunde nennen mich Fitz.* Das stimmte natürlich nicht, da ich keine Freunde im Plural hatte. Ich habe einen Freund, Singular, Andrew, und er nennt mich Rob.

Ich ergriff ihre Hand und schüttelte sie. Ein weiterer Teil von mir schrumpfte und starb.

»Ich bin Rob«, sagte ich.

»Ich weiß«, erwiderte Destry. »Ich habe dich bei Milltown's Got Talent gesehen.«

»Ich war derjenige, der den Namen der Veranstaltung Lügen gestraft hat.« Das war schon besser. Mein Gehirn war offenbar gut erholt aus den Ferien zurückgekehrt. Was aus meinem Mund kam, ergab nicht nur einen Sinn, sondern war auch schlagfertig und selbstironisch. Vielleicht würde sie erkennen, dass ich nicht einfach ein verknorkter Loser war, sondern ein verknorkter *schlagfertiger* Loser. Damit konnte ich leben.

»Ich fand, du warst super«, sagte sie.

Wieder schrumpfte und starb ein Teil von mir. Wenn die Unterhaltung so weiterging, würde ich zu Staub zerfallen, sobald ich aufzustehen versuchte.

»Danke«, sagte ich.

»Ich liebe Macbeth«, fuhr sie fort, »und ich finde, du hast das mit seiner Unsicherheit, direkt bevor er geht, um Duncan zu ermorden, super hingekriegt.« Sie mochte Shakespeare! Das wurde ja immer besser. Wenn ich nur aufhören könnte zu schrumpfen und zu sterben ... »Am Ende halten alle Macbeth für ein Monster, dabei ist er zu Anfang des Stücks ein anständiger Kerl.«

Sie sagte noch andere Dinge und irgendwann fallen sie mir vielleicht auch wieder ein. Doch in dem Moment fiel mir nur auf, wie die Sonne ihr Gesicht beschien, das Glänzen ihrer Haare, die kleine Lücke zwischen ihren Schneidezähnen und das Hämmern meines Herzens.

Und dann war sie verschwunden. Ein Lächeln und ein Winken, dann war sie wieder an ihrem Tisch auf der anderen Seite der Kantine.

Ich hätte es besser machen sollen. Ich wusste es. Die ersten Worte, die sie von mir hörte, waren praktisch Flüche. Ich hatte eine einigermaßen intelligente Bemerkung gemacht, doch der Rest war Gestammel und Geholper und grenzte an unverständlichen Kauderwelsch. Sie dagegen war klug und interessant gewesen.

Nein. Ich hatte es grandios vermasselt.

Dennoch konnte für den Rest des Tages niemand mir das Lächeln vom Gesicht wischen.

42

Okay. Poetischer Versuch Nummer hundertundfünf. (Nicht dass ich zähle.)

Warum nicht eine oder zwei Zeilen aus einem bekannten Gedicht ausleihen, nur damit ich in Schwung komme? Und vielleicht sollte ich, anstatt vor Reimen zurückzuschrecken, lieber in die Vollen gehen. Einen Versuch ist es wert, und sei es nur, weil alles andere eine Katastrophe war.

Nach meinem Tod gewähre eines mir:
Ein Grab nicht irgendwo, nein hier,
nächst meiner Destry, meines Lebens Elixier.
(Natürlich nur, wenn sie schon in des Sensenmanns
    Revier,
sonst wär es 'ne Tragödie hoch vier.)
Das soll nicht heißen, dass ich ihr
'nen frühen Tod wünsch, glaub es mir ...

Entschuldige mich, während ich mir einen gespitzten Stift in die Hand ramme.

Okay. Jetzt ist es offiziell. Ich kann nur hoffen, dass Milltown's Got Talent Destry genügend beeindruckt hat, denn ich habe das Dichten aufgegeben.

Im Grund denke ich, es hat mich aufgegeben.

43

»Machst du Witze?«, fragte Andrew. »Für mich klingt das nach einer Wahnsinnschance.«

Ich hatte ihm endlich von der Möglichkeit erzählt, in die Fußball-Landesliga der U16 aufgenommen zu werden, und von der Möglichkeit, in Brisbane in einem Turnier mitzuspielen. Mr Broadbent drängte auf eine Antwort, doch bei allem, was in letzter Zeit passiert war, hatte ich nicht viel darüber nachgedacht. Um ehrlich zu sein, hatte ich nicht viel darüber nachdenken *wollen*. Die Aufnahmeformulare steckten immer noch in meiner Tasche, inzwischen wahrscheinlich völlig zerknittert und mit Eselsohren.

»Aber ich wäre weg von zu Hause.«

»Oh mein Gott!« Andrew fasste sich in gespieltem Entsetzen an den Kopf. »Nur nicht weg von zu Hause! Das ist unmöglich. Ausgeschlossen. Was, um alles in der Welt, haben sie sich nur dabei gedacht?«

»Du kannst dich gut darüber lustig machen, Andrew. Du leidest nicht unter Panikattacken.«

»Du bekommst sie zu Hause, nicht wahr?«

»Das weißt du doch.«

»Und wie gehst du hier mit Panikattacken um?«

Ich überlegte. »Normalerweise sitze ich sie aus. Ich gehe irgendwohin, wo ich allein bin, mache meine Atemübungen und bringe die Zeit herum, bis das Entsetzen verschwindet.« Das tat es bisher immer. Irgendwann. »Körperliche Anstrengung kann helfen.«

»Und mit wem redest du? Wer hält dich und beruhigt dich und sagt dir, dass alles gut wird?«

»Niemand.«

»Wenn du also ganz allein drüber wegkommst und dir ohnehin keiner helfen kann, welche Rolle spielt es dann, wo du bist? Und körperliche Anstrengung hilft, was?« Er beugte sich vor und klopfte mir mit den Knöcheln auf den Kopf. »Alter! Fußballturnier? Hallo?«

»Ich bekomme *mehr* Panikattacken, wenn ich an einem fremden Ort bin.« Ich rieb mir den Kopf, denn es tat weh.

»Brisbane ist nicht so fremd. Ein bisschen vielleicht ...«

»Du weißt, was ich meine.«

Er zuckte mit den Schultern. »He, pass auf. Wenn du entschlossen bist, nicht zu gehen, kann ich dich nicht dazu überreden. Ich *will* dich nicht überreden. Aber du hast mich um meine Meinung gefragt, und ich habe sie dir gesagt. Es liegt an dir, wie's weitergeht.«

Ich hasse es, wenn Andrew so logisch argumentiert. Ich wusste ja, dass er recht hatte. Panikattacken sind etwas, bei dem kein Außenstehender helfen kann. Du und nur du kämpfst gegen die Panik und ein Herz, das wie eine Maschine rattert und kreischt und dich zu zerreißen droht.

Ja. Panikattacken sind eine einsame Sache. Aber an einem vertrauten Ort, an dem ich mich wohlfühle, kann ich wenigstens damit umgehen.

Andererseits: Warum immer den vertrauten Weg gehen, auf dem man sich wohlfühlt? Als Torhüter in diesem Spiel hatte ich mich weit außerhalb meiner Komfortzone bewegt, doch ich bereue es nicht, mitgespielt zu haben. Und Mr Broadbent schien mich für gut genug zu halten. Ich zog mein Handy heraus und scrollte zu dieser ersten SMS zurück.

Fürchte die Angst nicht. Sie will dich nur wissen lassen, dass etwas es wert ist, getan zu werden.

Vielleicht sollte ich wirklich aufhören, mich vor der Angst zu fürchten.

»Es liegt ganz allein an dir, Rob«, sagte Mum. »Ich meine, es ist natürlich super, dass sie dich haben wollen, aber am Ende kannst nur du die Entscheidung treffen.«

Dad zeigte mit einem Würstchen auf mich, was etwas nervig war.

»Ich wünschte, jemand hätte mir eine Chance geboten, Golf auf Landesebene zu spielen. Stellt euch nur vor, wie mein Leben heute aussehen würde. Ich könnte jeden Tag auf einem Golfplatz sein.«

»Du *bist* jeden Tag auf einem Golfplatz«, erinnerte Mum ihn.

»Schon, aber der Platz würde mich dafür bezahlen, dass ich spiele, und nicht andersherum.«

»Dad«, sagte ich, »ich glaube, du musst den Tatsachen ins Auge sehen.«

Er wedelte mit seinem Würstchen, was immer noch nervte, doch ich interpretierte das Gewedel als Aufforderung zum Weiterreden.

»Du spielst grottenschlecht. Und ich weiß es, denn ich schaue dir die ganze Zeit zu.«

»Grottenschlecht? Das schmerzt ein wenig.«

»Bei deiner letzten Runde hast du hundertzwölf Punkte gemacht.«

»Da hatte ich einen schlechten Tag.«

»Du hattest einen *guten* Tag.«

Er legte das Würstchen auf seinen Teller zurück. Ich war ihm dankbar, denn es sah wahnsinnig lecker aus und ich bin Vegetarier.

»Wenn man mich gefördert hätte, wäre ich heute vielleicht besser. Vielleicht würde ich die Weltrangliste anführen.«

Die Weltrangliste anführen? Eher nicht. Vielleicht eine Adipositas-Selbsthilfegruppe, aber ich hatte nicht das Herz, das laut zu sagen. Ich wandte mich wieder an Mum.

»Und was ist mit meiner Schüchternheit?«

»Ja, was ist damit?«

»Es wird ganz schrecklich werden in Brisbane, weil ich niemanden kenne und wegen meiner Schüchternheit ganz allein sein werde.«

Sie zuckte mit den Schultern. »He, pass auf, wenn du entschlossen bist, nicht hinzugehen, kann ich dich nicht umstimmen. Weil du immer eine Ausrede finden wirst, egal was andere sagen.«

»Tu's einfach«, sagte Großvater. »Wenn's nicht hinhaut, kommst du wieder nach Hause. Du liebe Güte, Rob. Die jüngere Generation macht sich endlos verknorkte Gedanken über alles.« Er saugte an seinen Zähnen, und ich kam in den Genuss einer gepfiffenen Wiedergabe irgendeiner Melodie, die sogar ganz nett war.

»Aber ich müsste mich in Umkleidekabinen umziehen und öffentliche Toiletten benutzen, Pop. Du weißt, dass ich nicht genügend Selbstvertrauen für so etwas habe.«

»Dann überwinde dich, Junge. Du weißt, was ich

denke, weil wir nicht zum ersten Mal darüber reden. Akzeptiere dich so, wie du bist, und höre auf, dir Gedanken darüber zu machen, wie andere reagieren könnten.«

»Du hast gut reden.«

Er zuckte mit den Schultern. »He, pass auf, wenn du entschlossen bist, nicht hinzugehen, kann ich dich nicht umstimmen. Ich sage nur eines: Sieh zu, dass du es hinterher nicht bereust. Das wirst du natürlich. Das tut jeder. Aber lass es nicht so weit kommen, wenn es nicht unbedingt sein muss.«

Er schwieg eine Weile. Dann fragte er: »Hast du Lust auf eine Partie Schach? Du wirst es nicht bereuen.« In dieser Nacht bekam ich die nächste SMS. Um 22:35 Uhr.

Hier ist eine Herausforderung, die dich herausfordern wird. Nimm sie an oder lehne ab. »Carpe diem« oder »dedo«. Schau es nach, mein Freund.
Tu etwas, womit du auf die Titelseite der Lokalzeitung kommst.
Wie du das schaffst, spielt keine Rolle.

Ich wusste schon, dass *Carpe diem* »Nutze den Tag« bedeutet. Aber *dedo* musste ich im Internet nachschauen. Es ist lateinisch und bedeutet »ich kapituliere«.

44

»Ich habe deine Großmutter zum ersten Mal 1962 in Sydney gesehen. Ich war dreiundzwanzig und bin in Darling Harbour buchstäblich über sie gestolpert.«

Großvater hatte seinen Gehstock zwischen die Beine gestellt und das Kinn auf den Griff gestützt. Ich saß neben ihm auf der Couch in seinem Apartment und wir schauten aus dem Fenster auf den See. Ein paar Enten trippelten am Ufer entlang, und der Springbrunnen gurgelte und rülpste, obwohl wir es durch das geschlossene Fenster und über die Entfernung natürlich nicht hören konnten. Gelegentlich gurgelte und rülpste Großvater, als wollte er die fehlenden Soundeffekte liefern.

»Du musst wissen, dass Darling Harbour damals ganz anders war als heute. Es war wahrscheinlich gute zwanzig Jahre, bevor Neville Wran das Quartier zu dem Luxusviertel gemacht hat, das es heute ist. Damals war es ein verlottertes Industriegebiet, ein Ort, der sich überlebt hatte.«

»Du bist in Großmutter hineingelaufen«, erinnerte ich ihn. Jetzt war nicht die Zeit für Sozialgeschichte. Ich war dabei, etwas über meine Großmutter zu erfahren, und ich war entsprechend aufgeregt.

»Sie hatte eine volle Einkaufstasche dabei und der Inhalt verteilte sich über die ganze Straße.« Er lachte, als er es vor seinem geistigen Auge noch einmal sah. »Hinterher behauptete sie, es sei meine Schuld gewesen, ich sei die Straße heruntergerannt und hätte nicht aufgepasst. Sei direkt in sie hineingelaufen, sodass ihre Einkäufe herumflogen. Aber so war es nicht, Rob. Ich bin nicht gerannt. Ich bin gegangen. Und *sie* ist in *mich* hineingelaufen. Aber das hätte sie nie zugegeben.« Sein Blick ging in die Ferne. »Deine Großmutter ertrug keinen Widerspruch. Sie war überzeugt, dass sie recht hatte, selbst wenn sie falschlag.«

»Wie hieß sie?« Ich brauchte erst mal grundlegende Informationen, bevor wir erörterten, wer vor über fünfzig Jahren schuld an herumfliegenden Einkäufen war. Es spielte keine Rolle, zumindest nicht für mich. Vielleicht für Pop.

»Bella«, antwortete Großvater. »*Schön* auf Italienisch. Und, gütiger Himmel, sie hatte diesen Namen verdient.«

Bella. Ich kannte den Namen meiner Großmutter!

Fast wäre ich in Tränen ausgebrochen. Ich bin ein solches Weichei. Doch ich behielt die Kontrolle, denn wenn ich geschluchzt hätte, hätte Großvater mir seine Aufmerksamkeit zugewandt, und ich wollte, dass er bei seinen Erinnerungen blieb. Um die Kontrolle zu behalten, musste ich Fäuste machen und meine Fingernägel in die Handballen drücken.

»Ich stand da wie betäubt«, fuhr Großvater fort. »Ich konnte es nicht fassen, wie schön sie war. Es war, als ob einem jemand mit etwas Weichem und Schwerem auf den Kopf haut.« Er verstummte.

»Liebe auf den ersten Blick«, vermutete ich.

»Vielleicht. Vielleicht war es das.«

»Was hat sie gesagt?« Ich beugte mich auf der Couch vor, um ja kein Wort zu verpassen. Pops Stimme war leise geworden und sein Blick verträumt. Ich beugte mich noch ein wenig weiter vor. Nur noch ein Teil einer Pobacke berührte die Couch, und ich fürchtete auf den Boden zu rutschen, wenn Pop nicht bald etwas sagte.

»Nichts«, antwortete Großvater. »Sie schaute mich nur mit diesen großen braunen Augen an.«

»Und dann?«

»Dann hat sie mir das Knie in die Eier gerammt.«

Das kam so unerwartet, dass ich tatsächlich von der Couch rutschte und mir das Steißbein prellte. Es tat richtig weh.

»Hat sie nicht!«, jaulte ich.

»Nein, hat sie nicht. Das war geflunkert.«

»Ich hasse dich, Großvater.«

»Nein, tust du nicht. Es ist nicht meine Schuld, dass du ein romantischer Idiot bist.«

»Meine Schuld ist es auch nicht«, stellte ich klar. »War überhaupt irgendetwas von dem, was du mir erzählt hast, wahr? Ihr Name, eure erste Begegnung?«

Großvater erhob sich und bog den Rücken durch, als wollte er seine ganzen Wehwehchen wegbügeln.

»Ich hab nur das mit der Gewalt erfunden. Deine Großmutter hieß Bella, und ich habe sie kennengelernt, als ich 1962 in Darling Harbour über sie stolperte. Und sie war schön. Sie war wunderschön.«

»Und wie ging es weiter?« Großvater hatte recht. Ich *bin* ein romantischer Idiot und diese Geschichte hatte mich bereits an den Rand unschöner, hysterischer Flennerei gebracht.

»Ah, ich habe sie erst nach fünf Jahren wiedergesehen. Aber ich habe sie nie vergessen, Rob. Es verging während dieser Zeit kaum ein Tag, an dem ich nicht an diese Augen gedacht habe. Ich wusste, das Schicksal würde uns wieder zusammenführen.«

»Oh Gott, Großvater, das ist ja *so* romantisch!« Dieses Mal konnte ich mich nicht beherrschen.

Es war, als sei eine Mauer eingestürzt. Ich brach in Tränen aus. Großvater legte mir eine Hand auf die Schulter.

»Du bist ganz ohne Zweifel das größte Weichei der gesamten südlichen Hemisphäre.«

»Ich weiß, Pop«, prustete ich zwischen Schluchzern. »Vielleicht der ganzen Welt.«

Er widersprach nicht.

45 Tu etwas, womit du auf die Titelseite der Lokalzeitung kommst.

Es war klar, dass ich mit dieser Aufgabe Probleme haben würde. Anscheinend war die Zeit gekommen für reifliche Überlegungen bezüglich dieser SMS und wohin sie mich führten. Ich schloss die Augen und konzentrierte mich.

Das Wichtigste zuerst. Zurück zu der heiklen Frage, wer sie mir schickte. Zwei Personen waren noch in der engeren Auswahl – Mum und Dad (eine Person) und Großvater. Ich hatte noch nie gehört, dass eine dieser Personen lateinische Wörter benutzte, doch das war wahrscheinlich kein entscheidender Beweis, da ich noch *niemandem* begegnet war, der lateinische Wörter benutzte. *Tu etwas, womit du auf die Titelseite der Lokalzeitung kommst.* Eltern würden das nicht verlangen, vor allem, da noch dabeistand: *Wie du das schaffst, spielt keine Rolle.* Hätte da gestanden: Bring dich mit ehrenamtlicher gemeinnütziger Arbeit auf die Titelseite der Lokalzeitung, hätte ich Mum und Dad weiter in Verdacht gehabt. Doch die SMS ermunterte mich, *alles, egal was*, zu tun, um auf die Titelseite zu kommen. Den örtlichen McDonald's mit einer abgesägten Flinte überfallen, mich in der Innenstadt nackt an eine Statue binden, ein Auto klauen und es mit Karacho in ein Schaufenster steuern. Es gab jede Menge Möglichkeiten, doch meine Eltern würden mich ganz bestimmt nicht dazu auffordern. Sie waren ja schon ausgerastet, als ich mit einem Plakat vor der Schulkantine stand. Ich konnte mir nicht vorstellen, dass sie, wenn ich dann wegen urbanem Terrorismus verurteilt würde, bei der Gerichtsverhandlung für mich eintraten mit dem Argument, dass ich es wenigstens auf die Titelseite der Lokalzeitung gebracht hatte und deshalb alles vergeben und vergessen werden sollte.

Sie *konnten* nicht die SMS-Schreiber sein.

Es sei denn, sie vertrauten meinem Urteil darüber, was akzeptable und nicht akzeptable Aktionen wären, um die Herausforderung zu meistern.

Nein, sie konnten es *wirklich* nicht sein.

Blieb nur noch Großvater. Was sagte Sherlock Holmes? Wenn man das Unmögliche eliminiert hat, muss das, was übrig bleibt, auch wenn es noch so unwahrscheinlich ist, die Wahrheit sein.

Großvater.

Eines wurde immer offensichtlicher: Diese Herausforderungen zielten darauf ab, mein Selbstvertrauen zu stärken. Ich hatte den Großteil meines Lebens damit zugebracht, mich so klein wie möglich zu machen und unbeobachtet durch die Welt zu huschen. Der Schreiber dieser SMS versuchte, meinen Erfahrungshorizont zu weiten, mich in den Mittelpunkt zu rücken und zu beweisen, dass ich keinen Grund hatte, unsicher zu sein. Und ich musste zugeben, dass es funktionierte. Daraus ließ sich folgern, dass ich dem Schreiber nicht gleichgültig war. Dass er mich *mochte*. Meines Wissens taten das nur vier Leute und drei davon hatte ich von der Liste gestrichen. Man kann sich nicht mit Sherlock anlegen.

Großvater.

Unterdrücktes Lachen drang an mein Ohr. Ich öffnete die Augen und machte mir fast ins Hemd.

Mrs Singhs Gesicht war nur Zentimeter von meinem entfernt. Sie hat ein hübsches Gesicht, ohne Zweifel. Ich hatte nur nicht so dicht vor mir damit gerechnet. Deshalb machte ich einen enormen und wahrscheinlich unwahrscheinlich hohen Satz von meinem Stuhl.

»Tut mir leid, wenn ich dich störe, Rob«, sagte sie. Das Lachen schwoll an. »Ich habe dich nur schon drei Mal nach der Lösung dieser Aufgabe gefragt. Nach dem ersten Mal nahm ich an, du schläfst. Nach dem dritten Mal fürchtete ich, du seist tot. Glaub mir, ich freue mich, dich noch unter den Lebenden zu sehen.«

»Tut mir leid, Miss«, entschuldigte ich mich. »Ich habe nachgedacht.«

»Ausgezeichnet. Das ist mal eine willkommene Abwechslung. Dann hast du jetzt die Lösung?«

»Äh, ich habe nicht über *Mathe* nachgedacht. Sorry. Miss.«

»Du brauchst dich nicht zu entschuldigen, Rob. Wir können uns während der Mittagspause zusammen an die Aufgabe machen. Wie klingt das?«

Verknorkt besch-eiden, war die Antwort, aber ich behielt sie für mich.

»Okay«, murmelte ich.

»Nein, nein, nein, Rob. Definitiv nicht ›okay‹. Meine Mittagspause ist meine Mittagspause, und die will ich ganz bestimmt nicht mit Schülern verbringen, vor allem nicht mit Schülern, die in der Zeit, für die ich fürs Unterrichten *bezahlt* werde, nicht aufgepasst haben. Mit einem ›Okay‹ ist es hier nicht getan, tut mir leid.«

Ich überlegte einen Augenblick.

»Danke, Miss Singh.«

»Bitte, Rob.«

Wir machten uns nicht zusammen an die Aufgabe. *Ich* machte mich daran, während Miss Singh einen kleinen Salat aß und Hausaufgaben korrigierte. So hatte ich zumindest die Gelegenheit, mein Handy herauszuholen, auch wenn ich es unter dem Tisch verbarg.

Meinst du wirklich ALLES, Großvater?, schrieb ich zurück.

Ich erwartete keine Antwort. Sicher, ich hatte schon einmal eine bekommen, aber nur als Reaktion auf eine Ja-oder-Nein-Frage. Meine Anrufe waren alle ins Leere gelaufen.

Jetzt summte mein Handy.

Was immer nötig ist, stand in der SMS. Und ich bin nicht dein Großvater.

»Checkst du dein Handy während des Nachsitzens?«, fragte Miss Singh. Wie konnte sie sich so lautlos an mich heranpirschen? War sie eine Ninja? »Ich glaube, das bedeutet ein weiteres Treffen während der Mittagspause morgen, Rob. Wie stehst du dazu?«

Ich überlegte.

»Danke, Miss Singh. Es sind intensive Momente und ich genieße sie.«

46

»Mum?«

Ich versuchte, im Plauderton zu bleiben, ruhig und vernünftig zu reden. Lediglich eine gewöhnliche Frage an einem gewöhnlichen Tag.

»Was?« Mum wickelte den Braten in Alufolie und legte ihn in den Ofen. Es war Rinderbraten. Es war abscheulich. Nicht nur, dass ein unschuldiges Tier sterben musste, um in diese Alufolie gewickelt zu werden, auch die Kosten für die Umwelt waren enorm. Das Fleisch in den Ofen zu legen, war ganz klar ein Verrat an unserem Planeten und ein vernichtendes Urteil über die Menschheit. Genauso klar war, dass ich mich von der Küche fernhalten musste, wenn langsam der Geruch aus dem Ofen strömte. Ich kann allem widerstehen, nur nicht der Versuchung ...

»Kann ich einen Hund haben?« Ich schälte in einer, wie ich hoffte, beiläufigen Art eine Karotte. »Bitte?«, ergänzte ich, da gute Manieren nie schaden.

»Entschuldigung?«

»Entschuldigung angenommen.«

»Nein. Was hast du gesagt?«

»Einen Hund.« Ich beschloss, meine Sätze kurz zu halten, in der Hoffnung, dass die Bedeutung umso unklarer sei, je weniger Worte ich gebrauchte. Außerdem nuschelte ich. Vielleicht würde Mum Ja sagen, wenn sie glaubte, ich hätte Bund gesagt und wollte noch einen Bund Karotten. *Du willst noch einen Bund Karotten, Rob? Kein Problem.* Oder ein Pfund. Oder einen Schlund. Okay, vielleicht nicht unbedingt einen Schlund.

»Bist du verrückt?«, fragte Mum.

»Ist das eine Fangfrage?«, fragte ich zurück.

»Hast du gerade gefragt, ob du einen Hund haben kannst?«

»Vielleicht.«

»Du *bist* verrückt.«

Ich legte die geschälte Karotte in eine Pfanne und holte die nächste. Ich gebe zu, dass ich sehr behutsam mit ihnen umging. Mums Vermutungen bezüglich Gemüse hatten mich etwas verunsichert. Was, wenn sie tatsächlich Schmerz empfanden? Was, wenn diese Karotte lautlos schrie? *Bitte zieh mir nicht die Haut ab mit einem scharfen Messer, das eindeutig dazu bestimmt ist zu foltern, und zwar nicht nur mich, sondern auch meine Freunde, die Kartoffeln und andere Knollen? Was für ein krankes Gehirn konnte ein solches Werkzeug nur erfinden?*

Ich biss die Zähne zusammen und schälte weiter. Die Enden konnte Mum abschneiden. Das ging für mich entschieden zu weit.

»Es ist nicht *wirklich* ein Hund«, sagte ich.

»Da bin ich aber erleichtert«, meinte Dad. Er war für die Soße verantwortlich. »Ich dachte schon, du hättest gefragt, ob du einen Hund haben kannst. Du weißt schon, hat vier Beine, einen Schwanz und bellt.«

»Das dachte ich auch«, sagte Mum.

Wir kicherten alle über das Missverständnis.

»Ich entschuldige mich. Ich hätte es so ausdrücken sollen: Kann ich bitte einen wild gewordenen Wisch-mopp haben?«

Agnes fragte, ob sie am Nachmittag mitkommen könnte auf meinen Spaziergang mit Trixie, und ich sagte gern Ja. Es war schließlich immer noch ihr Hund und für mich nichts Neues, mit einem alten Menschen im Schlepp durch die Stadt zu tapern.

Wenn ich je etwas auf meinen Ruf gegeben hätte (was ich nicht habe), wäre er schon längst dahin gewesen.

»Du wirst in regelmäßigen Abständen anhalten müssen, damit ich wieder zu Atem kommen kann«, warnte sie. »Ich bin nicht mehr so jung, wie ich mal war.«

Ich kratzte mich am Kopf. »Ich auch nicht. Kennst du jemanden, der es noch ist?«

»Du bist wie dein Großvater.«

»Danke.«

»Es war nicht als Kompliment gemeint.«

»Okay. Ein Punkt für dich.«

Wir gingen eine Stunde lang spazieren, mehrfaches Anhalten eingeschlossen, während Agnes Atem schöpfte. In gewissem Sinn hatten wir Glück. Es war die Zeit am Nachmittag zwischen Unterrichtsende und Feierabend, sodass nicht viele Leute mit Hunden unterwegs waren. Trixie kam das sehr entgegen, da sie, wie ich wahrscheinlich schon erwähnt habe, die Anwesenheit eines anderen Hundes als persönliche Beleidigung empfand.

Aber Trixie war keine einseitig fixierte Krawallnudel. Waren keine Hunde da, stürzte sie sich auf Menschen. Sie knurrte jeden an, der in Sichtweite kam.

»Was hat sie für ein Problem?«, fragte ich Agnes.

»Sie ist ein wild gewordener Wischmopp. Für sie ist der ganze Rest der Welt ein Problem.« Agnes blieb stehen und fächelte sich Luft zu, obwohl es nicht sehr heiß war. »Ich bin hin und her gerissen, ob ich diesen Hund nervig oder liebenswert finden soll.«

Ich öffnete den Mund, doch Agnes hob eine Hand.

»Nervig, weil … na ja.« Sie seufzte. »Sie ärgert alles. Ich bin alt, Rob, und bin stolz darauf, reizbar zu sein. Ich habe mir das Recht dazu über viele Jahre erworben und das nimmt mir keiner mehr. Jeder sollte ein Hobby haben. Aber *ständig* kann ich nicht gereizt sein. Es ist zu anstrengend.«

»Und liebenswert?«, hakte ich nach.

»Liebenswert, weil sie glaubt, unbegrenzte Kräfte und Fähigkeiten zu haben. Schau sie dir an.« Ich tat es. Der Hund war außer Rand und Band, wahrscheinlich, weil ein kräftiger Mann einen halben Kilometer vor uns die Straße überquerte. Er hätte Sumoringer sein können und war deshalb ein adäquater Gegner für einen Terrier, der keine fünf Kilo auf die Waage brachte. *Los, komm schon, du Feigling*, schien sie zu knurren. *Gib dein Bestes, Dreckskerl. Ich nehm's mit dir auf.*

»Sie hat Wahnvorstellungen«, sagte ich.

Agnes setzte sich wieder in Bewegung. »Oder sie ist eine Suffragette.«

»Bitte?«

»Eine Suffragette. Du weißt, was eine Suffragette ist?«

»Ja. Hatten wir im letzten Halbjahr in Politik. Eine Suffragette war eine Frau, die für Gleichberechtigung auf die Straße gegangen ist, vor allem für das Wahlrecht für Frauen, und das zu einer Zeit, als Frauen als Bürger zweiter Klasse angesehen wurden.«

Agnes schnaufte ziemlich schwer. Sie legte eine Hand auf ihre Brust.

»Hast du was dagegen, wenn wir uns eine Weile auf die Bank dort setzen, Rob?«

Es dauerte ein paar Minuten, bevor sie wieder reden konnte.

»Ja. Das waren Suffragetten. Und es gibt Leute, die Frauen *immer* noch für Bürger zweiter Klasse halten. Aber du kannst dir nicht vorstellen, mit welchen Ungleichheiten eine Suffragette damals konfrontiert war. Sie hatte keinerlei Macht, keinen Einfluss. Niemand kümmerte es, was sie dachte, da die Welt von Männern regiert wurde. Und leider immer noch wird. Deshalb war niemand auf ihrer Seite, bis auf ein paar andere Frauen. Nicht alle, muss ich leider sagen, aber ein paar. Und trotz dieser massiven Widerstände haben sie die Welt verändert.«

Ich schwieg. Das war interessant. Außerdem hatte ich den Eindruck, Agnes redete mehr zu sich selbst als zu sonst jemandem.

»Deshalb liebe ich diesen Hund. Es kümmert sie nicht, dass sie keinerlei Macht hat. Es kümmert sie nicht die Bohne, dass alles gegen sie spricht. Sie heult und knurrt gegen die Verhältnisse an, und wer weiß, vielleicht ist sie auf lange Sicht sogar erfolgreich?«

»Dann ist Trixie eine Feministin?«

»Genau. Und Feministinnen sind die besten Menschen auf dieser Welt.«

»Trixie ist ein Hund«, gab ich zu bedenken.

»Du bist wie dein Großvater«, erwiderte Agnes.

»Kein Grund, mich zu beleidigen«, entgegnete ich.

»Er ist nicht durch und durch schlecht. Wo bleibt dein Respekt?«

Ich hielt den Mund. Manchmal muss man eine Auseinandersetzung einfach beenden, wenn man keine Chance sieht, als Sieger daraus hervorzugehen.

»Ein wildgewordener Wischmopp?«, wiederholte Mum.

»Oder eine Feministin. Möglicherweise eine Suffragette. Kommt darauf an, welche Definition dir lieber ist.«

47

»Wie ging es weiter?«

Großvater stand von der Couch auf und rückte ein Bild an der Wand zurecht. Er legte den Kopf schief, um den Winkel abzuschätzen, und setzte sich dann wieder. Selbst nach dieser minimalen Bewegung war er etwas außer Atem.

»Was? Nachdem ich deine Großmutter zum ersten Mal gesehen habe?«

»Ja. Pop! Du weißt, wovon ich rede!«

»Na ja, ich habe ihre Einkäufe aufgesammelt und geholfen, sie wieder in die Tasche zu packen. Dann habe ich, glaube ich, meinen Hut gelüftet und ihr einen guten Tag gewünscht. Sie hat mir gedankt. Zumindest glaube ich, dass sie mir gedankt hat. Aber es ist ein halbes Jahrhundert her, weshalb es sein könnte, dass mein Gedächtnis mir einen Streich spielt.«

Großvater stand wieder auf und öffnete eine Tür des Schranks, in dem auch sein Fernseher stand. Ich konnte mich nicht erinnern, wann der Fernseher zum letzten Mal lief, aber *bestimmt* sah Großvater gelegentlich fern. Er weiß mehr über das, was in der Welt vorgeht, als alle anderen, die ich kenne. Er griff in das Schrankfach und zog das Schachspiel heraus. »Hast du Lust auf eine Partie Schach, Rob?«

»Nur wenn du mich gewinnen lässt.« Wir hatten inzwischen schon oft gespielt und ich hatte noch kein Spiel gewonnen. Kein einziges. Nicht einmal fast. Das überrascht nicht wirklich, weil ich dreizehn bin und Pop älter als Adam und Eva und deshalb absolut im Vorteil. In seiner Jugend gab es wahrscheinlich nichts außer Schach. Meine Generation hat Computer. Ich sollte ihn zu einem Egoshooter auf meinem Laptop herausfordern. Aber ich kenne Großvaters Ehrgeiz zu gewinnen. Wahrscheinlich würde er mich auch da schlagen.

»Das soll ein Witz sein, ja?«, fragte er.

»Nein.«

»Du musst eines verstehen.« Pop kam zum Sofa zurück und stellte die Schachfiguren auf. »Ich werde dich *niemals* beim Schach gewinnen lassen. Selbst wenn du Leukämie hättest, so kahlköpfig wärst wie dein Vater und noch eine Stunde zu leben hättest, würde ich dich nicht gewinnen lassen. Ich würde dich vernichtend schlagen und dich dann noch verspotten deshalb, während du deinen letzten Atemzug tust.«

»Schön gesagt, Großvater. Ich breche gleich in Tränen aus.«

»Du *wolltest* doch gar nicht, dass ich dich gewinnen lasse«, behauptete Pop.

»Doch, das wollte ich. Ich hab's dir gerade gesagt.«

»Und was wäre ein solcher Sieg wert? Sag es mir, Junge.«

»Er würde bedeuten, dass ich dich wenigstens ein Mal geschlagen habe.« Ich stellte meine weiße Dame auf das weiße Quadrat am Rand des Spielbretts. »Das ist schon jetzt wichtig für mich. Und es wäre noch viel wichtiger, wenn ich meinen letzten Atemzug täte.«

»Nein«, widersprach Großvater.

»Doch.«

Alle Figuren standen auf dem Brett und ich zog mit meinem Bauern zwei Felder vor. Großvater tat dasselbe auf seiner Seite.

»Du erinnerst dich an dein Fußballspiel?«, fragte er.

»Klar.«

»Was wäre, wenn ich dir sagen würde, dass sämtliche Spieler der gegnerischen Mannschaft sich ganz bewusst zurückgenommen hätten? Dass ich vor dem Spiel mit ihnen geredet und jedem fünfzig Dollar geboten hätte, damit sie sich zurücknehmen?«

»Das hast du nicht getan, oder?« Bei Großvater konnte man nie wissen.

Er wedelte mit der Hand.

»Natürlich nicht. Aber beantworte meine Frage.«

Das wollte ich nicht, da ich wusste, wohin diese Unterhaltung führte. Erfolge sind nichts wert, wenn sie nicht das ehrliche Ergebnis von Talent und Einsatz sind. Ein unverdienter Sieg hätte einen schalen Nachgeschmack. Das alles wusste ich, selbst als ich meinen Springer ein Feld vorrücken ließ und einen weiteren Schritt hin zur unvermeidlichen Niederlage machte.

»Nein«, erwiderte ich. »Beantworte du *meine* Frage. Wann hast du meine Großmutter das nächste Mal gesehen?«

Großvater sah Bella das nächste Mal im Spätherbst 1967. Er schlenderte mit ein paar Kameraden durch Darling Harbour – das erste Mal, dass er seither wieder dort war, sagte er –, als er auf der anderen Straßenseite eine Frau sah. Vielleicht lag es daran, dass sie sich nicht bewegte, während alles andere in Bewegung war, aber sein Blick wurde wie magisch zu ihr hingezogen.

Vielleicht war es auch Schicksal.

Er blieb stehen. Seine Kameraden gingen weiter. Pop schaute Bella an und die Welt drehte sich weiter ohne sie. Eine Weile rührten weder er noch sie sich. Dann ging er hinüber. Sie blieb weiter reglos stehen. Selbst als er nur noch Zentimeter von ihr entfernt war, reagierte sie nicht.

»Hallo«, grüßte er.

Sie lächelte nicht. Sie verlagerte ihr Gewicht auf den rechten Fuß und legte den Kopf schräg. Großvater glaubte, dass sie den Kopf schräg legte, war sich aber nicht mehr hundertprozentig sicher. Doch an ihre nächsten Worte erinnerte er sich noch ganz genau.

»Ich habe fünf Jahre auf dich gewartet. Wo *warst* du, du Mistkerl?«

»Schachmatt«, sagte Großvater.

»Gratuliere. Du hast einen Dreizehnjährigen geschlagen, und ich hoffe, du bist stolz auf dich.«

»Das bin ich. Ich habe dich in fünfundzwanzig Zügen geschlagen. Das dürfte mein bestes Ergebnis gegen dich sein.«

»Wäre dies mein letzter Atemzug, könntest du deinen Sieg noch mehr genießen.«

»Ach, Rob, sei nicht kindisch.«

»Ich *bin* ein Kind.«

»Das heißt noch lange nicht, dass du dich wie eines benehmen musst.«

»Okay.« Ich stellte die Figuren für ein neues Spiel auf. Das Verlieren machte mir nicht wirklich etwas aus, da ich trotz Pops Worten Fortschritte machte. So langsam erkannte ich gewisse Muster und welche Auswirkungen ein Zug später haben konnte.

Wie die Begegnung zwischen Pop und Bella 1967 in einer Straße in Sydney.

»Was hast du geantwortet?«, wollte ich wissen.

»Worauf?«

»Auf ihre Frage ›Wo warst du in diesen fünf Jahren, du Mistkerl?‹«

48 Warum machen sich die Leute nur die Mühe zu kochen? Ich weiß natürlich, weshalb gekocht werden muss. Ohne würden wir alle verhungern, und ich glaube, ich bin nicht zu weit von der allgemeinen Meinung entfernt, wenn ich sage, dass dies schade wäre.

Aber es ist so schwer!

Ich habe mir einige Kochshows angeschaut. Da scheint alles ganz einfach. Berühmte Küchenchefs lachen und machen geistreiche Bemerkungen, während sie eine Prise hiervon hinzufügen, einen Teelöffel davon und ein klitzekleines bisschen von jenem. Keine Sauerei. Der Lack glänzt, die Arbeitsfläche funkelt, und dann erscheint urplötzlich ein herrliches Gericht. Den Zuschauern läuft das Wasser im Mund zusammen, das Studiopublikum applaudiert, und der Abspann läuft.

Keine Vorbereitungen (diese Zwiebelwürfel erscheinen wie von Zauberhand).

Kein Abwasch.

Glaub mir: Im richtigen Leben ist es *vollkommen* anders.

Ich erwähne das, weil ich mit Dad in einen Streit geraten bin, der ungefähr so lief:

Er: Vegetarisches Essen ist Unsinn.

Ich: Nein, ist es nicht.

Er: Tofu und Quinoa-Salat sind nicht zum Verzehr für Menschen gedacht. Es ist Kaninchenfutter und nicht einmal ein Kaninchen sollte es essen müssen. Selbst wenn dieses Kaninchen mein schlimmster Feind wäre.

Ich: Dad, so ein Blödsinn. Du kennst keine Kaninchen, weder befreundete noch feindliche.

Er: Aber wenn ich welche kennen würde, wenn ich das schlimmste Kaninchen auf der ganzen Welt kennen würde, das boshafteste Exemplar im ganzen Kaninchenreich, den Oberterroristen aller Kaninchen, würde ich ihm keinen Tofu und keinen Quinoa-Salat wünschen.

Ich: Ich kann's nicht glauben, dass du einen solchen Quatsch daherredest.

Er: Ich weiß. Ich kann es selbst kaum glauben. Aber beantworte mir folgende Frage: Wenn die Menschheit dafür gedacht wäre, Salat zu essen, warum haben wir dann keine Nagezähne und lange Ohren?

Ich: Dad, ich bin dreizehn und du bist ... alt. Können

wir uns beide unserem Alter entsprechend verhalten? Vegetarisches Essen schmeckt lecker und ist gut für unseren Planeten. Außerdem sind deine Ohren ziemlich lang.

Er: Fleisch zu essen gehört zur menschlichen Natur. Vegetarisches Essen mag gut für den Planeten sein, darin stimme ich dir zu. Aber es schmeckt eklig und deshalb gibt es keine vegetarischen Drive-in-Restaurants. Darf's ein doppelter grüner Salat sein? Hätten Sie gern Erbsen dazu? Sei realistisch, Rob.

Ich: Ich beweise dir das Gegenteil, Dad. Ich koche heute Abend eine leckere vegetarische Mahlzeit für dich, etwas so Fantastisches, dass du wahrscheinlich nie mehr ein Steak isst.

Er: Abgemacht. Vielleicht kannst du ein Kaninchen dazu einladen. Das kriegt die Reste und kommt dann in die Pfanne.

Ich: Jetzt reicht's. Du darfst den ganzen Tag keine Computerspiele mehr spielen.

Mum gab mir Geld, damit ich im Supermarkt die Zutaten kaufen konnte, bot aber nicht an, mich hinzufahren. Stattdessen murmelte sie etwas übers Lernen, wie es ist, einen kleinen Teil des Haushalts ohne Hilfe zu bewältigen. Oder ohne Dank. Sie war anscheinend in einer Art Nörgellaune, weshalb ich mich nicht mit ihr anlegte.

Stattdessen suchte ich mir im Internet ein Rezept

aus, machte eine Liste der Zutaten, ging die zehn Minuten zum Supermarkt und verbrachte dort eine halbe Stunde, bis ich das Zeug, das ich brauchte, zusammengesucht hatte. (Wenn man sich im Supermarkt nicht auskennt, kann das eine beängstigende Sache sein. Wahrscheinlich gibt es Leute, die hineingingen, um einen Kohlrabi zu kaufen, und nie mehr aufgetaucht sind. Es hätte mich nicht überrascht, ein menschliches Skelett zwischen den Tiefkühlerbsen zu finden.) Dann brauchte ich eine Viertelstunde bis nach Hause (die Taschen waren schwer und drosselten das Tempo gewaltig). Dort packte ich aus und legte das Rezept auf die Arbeitsplatte.

Um ehrlich zu sein, war ich zu diesem Zeitpunkt bereits erschöpft, doch jetzt konnte ich unmöglich aufgeben.

Wie schwer kann Kochen schon sein? Man braucht nur den Angaben im Rezept zu folgen. Es ist schließlich keine höhere Mathematik. Oder Quantenphysik. Ich hatte das im Griff.

Hast du gewusst, dass Auberginenscheiben bitter schmecken, wenn man nicht eine dünne Schicht Salz daraufstreut? Das Salz entzieht Feuchtigkeit, so dass man sie auf Küchenpapier legen muss. Leider hatten wir keines mehr, weshalb ich Toilettenpapier benutzte. Keine gute Idee. Das Papier hat sich praktisch aufgelöst. Hast du jemals eine Stunde lang winzige Klopapierschnipsel von Auberginenscheiben gepopelt? Natürlich nicht. Du bist ja nicht bescheuert.

Über die nächsten drei Stunden würde ich gern den Schleier des Vergessens ziehen. Irgendwann kam Mum in die Küche und fragte, ob ich mir vorgenommen hätte, sämtliche Töpfe und Pfannen im Haushalt zu benutzen. Ihr sarkastischer Ton hätte mich geärgert, doch als ich mich umschaute, war klar, dass ich tatsächlich sämtliche Töpfe und Pfannen im Haushalt benutzt hatte. Vorgenommen hatte ich es mir allerdings nicht.

Um sieben stellte ich eine Auflaufform auf den Tisch und rief Mum und Dad. Sie setzten sich und betrachteten das Essen. Dad stupste es mit einem Löffel an.

»Ist das Toilettenpapier?«, fragte er.

»Nein«, log ich. »Eine vegetarische Lasagne.«

»Das obendrauf sieht aus wie verkohltes Toilettenpapier.«

»Schon gut, Dad. Es ist eine geheime Zutat. Und außerdem: Welcher normale Mensch könnte Toilettenpapier in einem Auflauf identifizieren? Man müsste schon ziemlich krank sein.«

Ich schöpfte uns allen eine große Portion auf den Teller. Die Kruste der Lasagne zu durchstechen, war eine Herausforderung, und als ich es geschafft hatte, entwich ein seltsamer Duft, den ich zu ignorieren versuchte.

»Guten Appetit«, wünschte ich.

Wir aßen jeweils einen kleinen Bissen. Drei Löffel klapperten auf drei Tellern. Dann stand Dad auf und griff nach seinem Autoschlüssel.

»Ein Veggie-Burger mit Fritten für mich«, sagte ich. »Und zum Nachtisch vielleicht ein Stück Apfelkuchen.«

49 Ich glaube, ich habe schon erwähnt, dass ich mir nur sehr selten die Nachrichten im Fernsehen anschaue. Es gibt selten *gute* Nachrichten, und wenn ich mich deprimieren will, brauche ich nur mein Mathebuch aufzuschlagen.

Doch manchmal läuft der Fernseher und manchmal fesselt das eine oder andere Wort mich doch.

Dieses Mal waren es die Wörter »örtlicher Schlachthof« und »Quälerei«. Ich legte mein Buch zur Seite (nicht das Mathebuch) und konzentrierte mich auf den Bildschirm, doch der Beitrag ging gerade zu Ende, und mir fehlten Informationen. Also zog ich mein Handy heraus und suchte. Ich brauchte nicht lang zu suchen.

Leitung des Schlachthofs will nichts von grausamen Praktiken gewusst haben – ein Angestellter filmte

Schockierendes Filmmaterial zeigt Tiere, die brutal misshandelt werden, als sie zum Schlachten in einen hiesigen Schlachthof gebracht wurden. Ein YouTube-Video von den Grausamkeiten wurde ins Netz gestellt. Es zeigt Schafe, die mit einem elektrischen Betäubungsgerät unter Narkose gesetzt werden, während andere ohne ausreichende Betäubung getötet werden. Dies ist eine klare Verletzung der Bestimmungen zu tierschutzgerechter Behandlung von Schlachtvieh in australischen Verarbeitungsanlagen. Ein Vertreter des Managements erklärte, das Filmmaterial sei von einem unzufriedenen Angestellten aus Rache gepostet worden. Er sagte, die Firma würde ihre Angestellten in der korrekten Vorgehensweise ausbilden. Die verstörenden Bilder bewiesen nur, dass »fehlgeleitete« Arbeiter im Betrieb ihr Unwesen trieben. »Wir werden diese schwarzen Schafe ausfindig machen«, versprach er. »Den tierschutzgerechten Umgang mit unseren Tieren nehmen wir sehr ernst.«

Ich wollte es nicht, aber ich fand das Video auf Youtube und zwang mich, es anzuschauen. Dann ging ich zur Toilette und übergab mich. Danach recherchierte ich weiter.

Ich brauche deine Hilfe, Andrew

wofür

Hast du Lust, auf die Titelseite der Lokalzeitung zu kommen, weil du dich ans Geländer
vor einem Supermarkt gekettet und gegen
Tierquälerei protestiert hast?

klar warum nich

Du sagst das, als hätte ich dich gefragt, ob du
zum Skateboardfahren mitkommst. Hast du
keine Fragen?

nö do vleicht wann

Was?

wann

Samstag

ok

Du könntest festgenommen und ins Gefängnis
geworfen werden. Trübsal, Vernichtung, Ende

des Lebens, wie wir es kennen. Vorstrafe.
Zutiefst enttäuschte Eltern. Das nur mal so für
den Anfang.

cool

Warum »cool«?

hab satag nix bessres vor

Du bist ein Idiot.

=falls

Ich hasse dich.

=falls

50

»Ich war im Krieg«, erzählte Großvater, »und als ich zurückkam ...«

»Pop«, unterbrach ich. »Welcher Krieg?«

»Spielt keine Rolle.«

»Doch, es spielt eine Rolle.«

»Oh nein. Nein, Rob. Glaub mir, das tut es nicht.« Großvaters Reaktion war heftig, selbst für seine Verhältnisse. Er richtete seinen Läufer wie eine geladene Pistole auf mich, bevor er ihn wieder aufs Brett stellte. »Alle Kriege sind gleich. Menschen bringen sich gegenseitig um, dann gehen sie nach Hause, wenn sie das Glück haben, noch am Leben zu sein, und versuchen, alles zu vergessen. Meist gelingt ihnen das nicht. In der Zwischenzeit denken sich Politiker den nächsten Krieg aus. Und das ist nur einer der Gründe, weshalb ich nicht darüber reden will.«

»Aber was hast du zu Großmutter gesagt, als sie gefragt hat, wo du warst?«

»Ich hab's dir doch gerade gesagt. Dass ich im Krieg war.«

»Hat sie dich nicht nach Einzelheiten gefragt?«

»Doch. Und ich habe ihr gesagt, dass ich nicht darüber reden will. Sie hat verstanden. Damals haben die Leute es verstanden. Jetzt nicht mehr. Du solltest dich schämen, Rob, wenn du dir mal die Zeit nimmst, darüber nachzudenken.«

»Aber ...«

»Willst du etwas über deine Großmutter erfahren oder nicht?«

Ich schaute aufs Schachbrett. Selbst für mein ungeübtes Auge war klar, dass ich mich in einer hoffnungslosen Situation befand. Ein bisschen wie in der Unterhaltung, die wir führten.

»Ich will etwas über sie erfahren, Großvater.«

Sie hatte fünf Jahre gewartet. Großvater hat dies anscheinend einfach als Tatsache hingenommen. Meine erste Frage wäre gewesen: *Warum?* Aber ich habe, wie Pop betonte, einen hoch entwickelten Sinn für meine eigene Wertlosigkeit. Wie es scheint, hatte Großvater dieses Problem 1967 nicht. Er war, zumindest nach außen hin, zufrieden mit sich.

»Wie hast du ausgesehen, Großvater, damals, 1967?«, fragte ich.

»Das willst du nicht wissen.«

»Doch, sonst hätte ich nicht gefragt.«

»Mein Haar reichte bis über die Schultern. Es war stufig geschnitten und glänzte. Und ich hatte eine spektakuläre Hippielippe.«

»Eine was?«

»Einen Oberlippenbart, der sich seitlich um den Mund herumbog und bis zum Kinn ging. Dazu gewaltige Koteletten …« Er sah meinen irritierten Blick und demonstrierte an seinen Wangen, was er meinte. »Bis weit hinter die Ohren und fast bis zu den Spitzen der Hippielippe.«

»Gab es einen Teil von dir, der nicht haarig war?«, fragte ich. Ich konnte mir nur schwer vorstellen, dass mein Großvater mehr Wombat war als Mensch. Jetzt war er hauptsächlich glänzende Kopfhaut und tiefe Gesichtsrunzeln.

»Eigentlich nicht. Du hättest mich in Badehosen sehen sollen. Ich war zu neunzig Prozent Flokati.«

»So genau wollte ich es gar nicht wissen«, wehrte ich ab.

»Ich hab's dir gesagt, aber du wolltest ja nicht hören. Irgendwo habe ich noch Fotos. Ich hole sie, es sei denn, du benimmst dich. Und über die damalige Mode habe ich noch kein Wort verloren. Blümchenhemden. Schlaghosen. Ich habe dich gewarnt, Junge.«

Das war jetzt *wirklich* aufregend. Großvater als junger Mann. Ich würde mir das nicht entgehen lassen, doch ich hatte das Gefühl, dass ich nie mehr etwas über Großmutter erfahren würde, wenn ich ihn bat, die alten Alben jetzt zu holen.

»Großmutter hat dir also gesagt, dass sie fünf Jahre auf dich gewartet hat«, sagte ich. »Was geschah dann?«

»Ich habe ihre Hand genommen und gesagt, dass das Warten sich gelohnt hat.«

»Du hast es ganz schön draufgehabt, Pop.«

»Schach«, verkündete Großvater. Wie kam das denn jetzt? Ich schaute aufs Brett. Ich war in einer hoffnungslosen Situation, doch ich konnte nicht aufgeben. Wir hatten das schon öfter. Großvater war der Meinung, ich müsste kämpfen bis zum bitteren Ende. Dürfte nie aufgeben. »Australier geben nie auf«, hatte er gesagt. »Das macht uns als Nation so großartig.« Ich setzte meinen König auf ein sicheres Feld.

»Und dann?«, fragte ich.

»Und dann habe ich sie umworben. Sie sollte mich nicht vergessen. Nicht dass sie es getan hätte. Ich glaube, das wusste ich damals schon.« Seine Stimme schien aus weiter Ferne zu kommen, als sei er in der Zeit zurückgereist und durchlebte diese Augenblicke noch einmal. »Sie war so schön, Rob. Die schönste Frau, die ich je gesehen hatte. Wir heirateten 1969. Dein Vater wurde 1972 geboren.«

»Und was geschah dann?«

»Mit deinem Vater?«

»Nein.« Ich hasste es, wenn Großvater mich bewusst durcheinanderbrachte. »Mit Großmutter.«

»Ah.« Großvater überlegte einen Augenblick, dann schob er seinen Läufer über die ganze Länge des Spielbretts. »Schachmatt.«

Ich betrachtete die Aufstellung der Figuren. Ich weiß nicht, warum. Es war eindeutig Schachmatt. Ich seufzte und stellte sie neu auf.

»Sie hat mich 1975 verlassen«, fuhr Großvater fort. »Ging zurück nach Italien. Wollte deinen Vater mitnehmen, hat ihre Meinung aber im letzten Moment geändert.«

Es würde dauern, bis ich diese Aussage verarbeitet hatte. Eine vor über vierzig Jahren so oder so getroffene Entscheidung bestimmte darüber, ob ich geboren wurde oder nicht. Mein Verstand hatte mir immer gesagt, dass das Leben eine Sache des Zufalls war, doch jetzt *spürte* ich es zum ersten Mal.

»Warum?«, flüsterte ich.

»Ich glaube, sie wusste, dass ich nicht überlebt hätte, wenn sie deinen Dad mitgenommen hätte. Sie liebte mich noch genug, um mein Leben zu retten, indem sie mir ihren Sohn überließ.« Er rieb über die Bartstoppeln an seinem Kinn. »Wie ich gehört habe, ist sie 2001 gestorben.«

Er schob einen Bauer zwei Felder weiter. Ich zog nach, obwohl ich mich nicht konzentrieren konnte. Doch ich wusste, dass ich meine Züge weit im Voraus planen musste, wenn ich Informationen aus Großvaters Vergangenheit ausgraben wollte. Und mich in Geduld üben. Eine Tatsache nach der anderen.

»Aber warum hat sie dich verlassen?« Meine Großmutter war tot. Ich wusste nicht recht, was ich empfinden sollte. Einerseits hatte ich sie nicht gekannt, sodass es im Grund kein echter Verlust war. Doch ein Teil von mir zog sich zusammen bei dem Wissen, dass sie niemals *mehr* für mich sein würde als ein Name.

Es war traurig. Es war sehr traurig.

»Sie konnte nicht mit den Geistern umgehen«, antwortete Großvater.

»Bitte?«

»Sie hat es versucht, aber es ging nicht.« Großvater fuhr sich mit der Hand über den Mund und bedrohte mit seinem Läufer meinen Springer. »Ich kam mit Geistern zurück, und obwohl sie es acht Jahre lang immer wieder versucht hat, kam sie nicht gegen sie an. Schließlich musste sie gehen. Ich war froh, dass sie es tat, denn es war kein Leben für sie.«

»Geister?« Ich zog mit meinem Springer.

»1967 bin ich mit einer ganzen Armee von Geistern nach Sydney zurückgekommen.« Großvater seufzte. »Sie waren damals ständig um mich.« Er blickte in eine Ecke des Zimmers. »Und wenn ich ehrlich bin, Rob, sind sie immer noch da. Sie sind nie ganz verschwunden.«

Mir lief es kalt über den Rücken, obwohl der Abend warm war.

»Diese Geister«, fuhr er fort, »ich kann dir gar nicht sagen, wie groß damals die Versuchung war, mich ihnen anzuschließen. Aber ich musste mich um deinen Dad kümmern. Ihn großziehen. Letztendlich war es dein Vater, der mir einen Grund zum Weiterleben gab.«

Großvater zog mit seinem Turm.

»Schach«, sagte er.

51 Wenn ich ehrlich bin, ist es nicht schwierig, auf die Titelseite der Lokalzeitung zu kommen. Vor ein paar Wochen hat es jemand geschafft, der behauptete, er hätte eine Kartoffel gefunden, die aussieht wie der Premierminister. Die Zeitung hat nicht nur einen Reporter zu ihm geschickt, sondern auch einen Fotografen, der die Knolle von verschiedenen Seiten fotografierte. Ich gebe zu, dass zwei Dellen in der Kartoffel Augen hätten sein können (wenn man sehr viel Fantasie hatte). Doch ansonsten sah sie aus wie ... eine Kartoffel. Der Verleger stellte sogar ein Foto des Premiers neben das von der Knolle, damit die Leser selbst vergleichen konnten. Aber es war ausgeschlossen, dass jemand die Fotos betrachtete, sich am Kopf kratzte und murmelte: »Einer von beiden ist Regierungschef unseres Landes, der andere das Rohmaterial für eine Tüte Chips, aber ich kann beim besten Willen nicht sagen, welcher welcher ist.«

Jedenfalls beherrschte diese Geschichte nicht nur die Titelseite, sondern ging auf Seite 2 weiter, wo ein Reporter Erörterungen darüber anstellte, welcher von beiden am besten geeignet wäre, das Land zu regieren. (Die Kartoffel verlor knapp auf dem Wirtschaftssektor, siegte jedoch überwältigend bei der Sympathiefrage.)

Was ich damit sagen will, ist, dass unsere Zeitung nicht für investigativen Journalismus bekannt ist. Sie berichtet eher über Schulfeste und Katzen, die auf Bäumen sitzen und sich nicht mehr heruntertrauen, und gibt Gartentipps. Es hätte deshalb nicht schwierig sein sollen, sie für eine lokale Geschichte zu interessieren, noch dazu für eine mit gewaltiger moralischer Tragweite. Das Gegenteil war der Fall. Vielleicht hätte ich behaupten sollen, dass ich eine Karotte besitze, die mit Außerirdischen kommunizieren kann. Das hätte einen dreiseitigen Bericht ergeben.

»Guten Tag«, grüßte ich.

Andrew und ich waren am Freitag nach der Schule in die Redaktion der Zeitung gegangen. Hätte ich ein großes, lautes Büro erwartet mit Dutzenden von Reportern, die alle am Telefon hingen, gelegentlich »Haltet die Titelseite frei!« riefen, wäre ich enttäuscht gewesen. Ein junger Mann mit Akne saß hinter einem Schreibtisch und starrte auf einen Computerbildschirm. Ein Bild, das hinter ihm an der Wand hing, spiegelte das Spiel, das er spielte. Er antwortete nicht, doch nach ein oder zwei Minuten hielt er das Spiel mit einem ärgerlichen Zungenschnalzen (und dem Klicken seiner Maus) an.

»Kann ich euch helfen?«, fragte er in einem Ton, der vermuten ließ, dass es eher unwahrscheinlich war.

»Wir würden gern mit einem Reporter sprechen«, antwortete ich.

»Das bin ich.«

»Sind Sie sicher?«, fragte Andrew.

Der Typ blickte sich übertrieben genau in dem Büro um, als suchte er versteckte Kollegen. »Falls noch jemand hier ist, weiß er sich ausgesprochen gut zu tarnen. Wenn ihr ihn in den nächsten paar Minuten nicht entdeckt, müsst ihr euch mit mir begnügen.«

»Sind die anderen unterwegs, um Hinweisen nachzugehen?«, fragte ich. Meiner bescheidenen Meinung nach ist es am besten, Sarkasmus zu ignorieren.

»Der andere ist unterwegs, um sich einen eingewachsenen Fußnagel entfernen zu lassen. Ich habe eine Menge Arbeit hier, also, was kann ich für euch tun?«

»Ich möchte Sie auf eine Wahnsinnsgeschichte aufmerksam machen«, antwortete ich. »Morgen früh um neun werden wir beide uns an das Geländer vor dem Einkaufszentrum in der Mitchell Street anketten und damit gegen den Verkauf von Fleisch sowohl im Supermarkt als auch beim Metzger protestieren. Dieses Fleisch kommt von dem skandalgeplagten Schlacht-

hof, der in den vergangenen Tagen die Nachrichten be-
herrscht hatte.« Ich war zufrieden mit mir. Meiner
Ansicht nach hatte ich die Geschichte gut zusammen-
gefasst.

»Ihr kettet euch an Geländer an? Darf ich fragen,
warum?«

Ich seufzte. Vielleicht war meine Zusammenfassung
doch nicht so gut. Oder vielleicht hatte er einfach nicht
zugehört. Ich erklärte es erneut.

»Welcher skandalgeplagte Schlachthof?«

Ich erzählte ihm von dem Tierquäler-Video. Er hatte
nie etwas davon gehört. Ich musste die Geschichte auf
mein Smartphone laden und sogar das Video noch einmal suchen, damit er es sich anschauen konnte. Es war
verstörend festzustellen, dass unsere Lokalzeitung
keine Ahnung von wichtigen Meldungen im Lokalfern-
sehen hatte. Oder vielleicht kümmerten sie sich nur
um aktuelle Kartoffel-Kurzmeldungen und überließen
alles andere anderen Agenturen.

»Und was hat das mit dem Einkaufszentrum zu tun?«

Jetzt seufzte Andrew. Wir teilten uns die Seufz-
Pflichten, obwohl wir das vorher nicht abgesprochen
hatten.

»Weil sie ihr Fleisch von diesem Schlachthof bekommen. Die Tiere werden nicht entsprechend den Tier-
schutzverordnungen geschlachtet und dagegen protestieren wir.«

»Indem ihr euch an ein Geländer ankettet?«

»Geht's noch!« Andrew ist manchmal leider etwas unbeherrscht. »Ich präsentiere Ihnen hier kein Rätsel, das die bedeutendsten Wissenschaftler der Welt beschäftigt. Ja. Ketten. Vorhängeschlösser. Protest gegen den Supermarkt und den Metzger, die Fleisch von Tieren verkaufen, die mit himmelschreiender Grausamkeit getötet wurden.«

»Muss es neun sein?«, fragte der Mann.

»Bitte?«

»Ihr habt neun Uhr morgens gesagt. Könnt ihr euch nicht ein bisschen später anketten?«

»Warum?«

»Ich schlafe samstags gern etwas länger. Wie wäre es so um die Mittagszeit?«

»Bringen Sie einen Fotografen mit?«

»Ich *bin* der Fotograf. Wenn ich mein Handy nicht vergesse. Was mir mit ziemlicher Sicherheit nicht passieren wird.«

»Verschieben Sie alle Nachrichten auf später, damit sie nicht mit Ihrem Schlafbedürfnis kollidieren?«, fragte Andrew.

»Was?«

»Sie wissen schon. Tsunamis anrufen und fragen, ob sie nicht noch ein paar Stunden warten können? Solche Sachen.«

»He, pass auf, du ...«

»Okay«, mischte ich mich ein. Eine Sarkasmus-schlacht konnte nur böse enden. »Um zwölf dann. Aber nicht vergessen.«

»Guter Tipp«, sagte der Reporter. »Ich stelle den Wecker in meinem Handy.«

Ich war nicht überzeugt davon. Als Andrew und ich das Büro verließen, spielte der Mann sein Spiel weiter und fluchte den Bildschirm an.

52

Trixie gewöhnte sich an mich und ich mich an sie. Agnes lehnte das Angebot ab, uns zu begleiten, als ich im Altenheim auftauchte. Als Grund gab sie Kurzatmigkeit und einen Besuch ihrer Tochter an diesem Nachmittag an. Ich hatte einen raffinierten Plan, sodass mir das gerade recht kam.

Es war nicht wirklich ein Plan und raffiniert war er schon gar nicht. Ich hatte die verrückte Vorstellung, dass die Bedenken meiner Eltern, Trixie als Haustier zu adoptieren, sich auf wundersame Weise in Luft auflösen würden, wenn sie Trixie leibhaftig sahen und feststellten, dass sie kaum größer als eine Küchenschabe war, aber dafür süßer. Das setzte voraus, dass Trixie keinen Haufen auf den Küchenboden setzte (ich wusste, dass ihre Eingeweide verrücktspielten, wenn sie Stress hatte) oder Dad zu beißen versuchte, nur weil er groß war und einen Angriff deshalb praktisch herausforderte.

Wer nicht wagt, der nicht gewinnt, war mein Motto.

Doch bevor ich sie mit nach Hause nahm, wollte ich ein paar Runden im Park mit ihr drehen, damit sie müde war und sich deshalb (vielleicht) etwas besser benahm als sonst.

Es war nicht meine Absicht, Destry Camberwick zu treffen. Es passierte einfach.

Ich saß auf einer Parkbank und beobachtete die Vorübergehenden. Es macht mir manchmal Spaß, Leute zu beobachten. Ich überlege mir dann, welchen Beruf sie haben könnten – der sieht aus wie ein Lehrer oder vielleicht wie ein Bankangestellter. Die ist bestimmt Krankenschwester. Ich konnte mir ganze Geschichten zu ihnen ausdenken. Sie würde nach Hause gehen zu ihrem Partner, der ihren Kleidergeschmack kritisierte. Das stahlharte Glitzern in ihren Augen sprach Bände. Sie hatte die Schnauze voll und servierte ihn ab. Jener Mann kehrte in ein leeres Haus zurück, zu einem Essen aus der Mikrowelle und einem Abend vor dem Fernseher mit einer neuen Staffel einer Dating Show.

Okay. Sei nicht so abwertend. Wir sind doch *alle* ein bisschen seltsam.

Glaube ich.

»Hallo, Rob.«

Ich schaute auf. Es war Destry Camberwick und sie war nicht allein. Der Hund von Baskerville hockte neben ihr, blickte auf Trixie hinunter und sabberte leicht. Trixie hatte ausnahmsweise keinen Schaum vor dem Maul aus lauter Hass. Vielleicht war sie aufgewacht und hatte das Hundearoma gerochen. Vielleicht hatte sie es aber auch nur satt, ständig den Macho zu geben.

Destry Camberwick war nicht allein, aber auch Destry Camberwick und ihr Hund waren nicht allein. Ein Junge stand neben ihr, ein Junge, den ich nicht von der Schuler her kannte, und ich kenne so ziemlich alle, die auf die Milltown High gehen, vom Sehen oder sogar mit Namen. Er sah auf eine Art und Weise gut aus, die allen, egal welchen Geschlechts, auffallen würde. Mädchen würden *sagen*, dass er wahnsinnig gut aussieht. Jungs würden *wissen*, dass er wahnsinnig gut aussieht, auch wenn sie es nicht laut aussprechen würden.

»Hi«, grüßte ich. Selbst in stressigen Situationen findet Rob Fitzgerald immer genau die richtigen Worte.

»Wie geht's?«, fragte sie.

»Gut. Und dir?« Ich glaube, ich habe, was geistreiche Konversation betrifft, noch nie solche Höhen erklommen. Sie sollte auf YouTube sein.

»Das ist Justin«, stellte sie das Prachtstück neben sich vor. »Justin, das ist Rob. Wir gehen auf dieselbe Schule.«

Ich erhob mich und schüttelte Justin die Hand. Justin? Natürlich hieß er Justin. Ich hätte wetten können, dass er einen Bindestrich-Nachnamen hatte. Justin Freaking-Stein oder Justin eine Andere-Liga.

»Freut mich«, sagte ich.

»Ebenso. Destry hat mir viel über dich erzählt.« Er wandte sich an Destry. »Das ist doch der Rob, von dem du die ganze Zeit redest?«

Destry lächelte. »Genau der ist es.«

Weshalb sollte Destry über mich reden? Und dazu noch mit dem wahnsinnig gutaussehenden Justin? Man sollte annehmen, dass sie, gefangen in ihrer eigenen wahnsinnigen Großartigkeit, die ganze Zeit nur in wahnsinnig schöne Augen schauen und wahnsinnig schöne Lippen aufeinanderpressen würden. Es war ein Rätsel. Zum Glück löste Justin es rasch auf.

»Destry hat mir von deinem Kantinen-Protest erzählt. Find ich super. Einstehen für das, woran man glaubt. Du hast einen Schulverweis bekommen, stimmt's?« Ich nickte. »Und dann war da noch etwas mit einem Talentwettbewerb, wo du diesen echt krassen Auftritt hattest.«

Ich begann Justin zu mögen, trotz der Tatsache, dass er ganz offensichtlich Destry mochte.

Er wandte sich an Destry. »Was war noch?«

»Rob ist anscheinend ein genialer Torwart«, antwortete sie. »Ich habe das Spiel nicht gesehen, habe aber alles darüber gehört.«

Ich zuckte mit den Schultern in einem, wie ich glaube, hoffnungslosen Versuch, bescheiden zu wirken. Ich spürte, wie ich rot wurde.

»Es war super, dich kennenzulernen«, sagte Justin.

»Ja«, sagte Destry. »Wir müssen weiter. Bis Montag, ja?«

»Klar.« Und dann konnte ich nicht widerstehen. Vielleicht fühlte mein Ego sich so gebauchpinselt, dass ich es noch weiter streicheln musste. »Vielleicht sehe ich euch ja morgen, wenn ihr zufällig gegen Mittag die Mitchell Street entlanggeht.« Ich bemühte mich um einen beiläufigen Ton. Dann toppte ich das Ganze noch mit einer dramatischen Pause. »Ich werde der sein, der am Geländer angekettet ist.«

Mum und Dad verliebten sich nicht in Trixie.

Aber sie fanden sie auch nicht total unmöglich.

Sie versuchte nicht, Dad die Kehle auszureißen, und sie kackte nicht auf den Küchenboden. Das waren schon mal gewaltige Pluspunkte und alles in allem war ich angenehm überrascht.

Dad beobachtete sie, als sie in der Küche herumschnüffelte. Er rieb sich das Kinn.

»Sie könnte tatsächlich eine nützliche Bereicherung für unseren Haushalt sein«, meinte er.

Mein Herz machte einen Sprung.

»Ist das dein Ernst? Als Wachhund?«

»Nein. Aber man könnte ihr die Hand in den Hintern stecken, dann gäbe sie einen super Topfhandschuh ab.«

Manchmal hasse ich Dad.

»Das ist Tierquälerei«, schnaubte ich.

»Großvater?« Ich hatte Trixie in Agnes' Apartment zurückgebracht und schaute noch kurz bei ihm vorbei, bevor ich zum Abendessen nach Hause ging.

Er grunzte.

»Ich protestiere morgen in der Innenstadt gegen Tierquälerei.«

Ich hatte eigentlich nicht vorgehabt, es ihm zu erzählen. Aber ich hatte mit solchen Dingen keine Erfahrung – Pop dagegen schon. In meiner Vorstellung war er an zahllosen Protesten zu Gewissensfragen beteiligt gewesen. Ich weiß auch nicht, weshalb ich das dachte. Wenn es um seine Vergangenheit geht, ist Pop so gesprächig wie ein Fisch. Aber es ging mir besser, nachdem ich es ihm gesagt hatte.

»Wann?«, fragte er.

»Zwölf Uhr mittags. Vor dem Supermarkt.«

»Ich bin da«, versprach er.

Ich wusste, dass er da sein würde.

53

Andrew freute sich, dass unser Protest auf die Mittagszeit verschoben worden war. Er gab zu, dass er genau wie der Reporter am Wochenende gern ausschlief.

»Aber du wärst um neun gekommen, oder?«, fragte ich.

»Selbstverständlich.« Er blickte mich kurz finster an, als sei er tödlich beleidigt, weil ich daran gezweifelt hatte. »Falls ich nicht noch geschlafen hätte«, fügte er dann hinzu. »Was wahrscheinlich der Fall gewesen wäre.«

Wir trafen uns um halb zwölf in einem Park beim Einkaufszentrum. Ich hatte einen Umweg über die Zeitungsredaktion gemacht, doch dort war alles zugesperrt. Ich bedauerte, dass ich mir tags zuvor nicht die Telefonnummer des Reporters hatte geben lassen, aber wahrscheinlich hätte ich sie ohnehin nicht bekommen. Ich konnte nur hoffen, dass er sich an den Termin erinnerte. Aber es ging hier ja nicht darum, auf die Titelseite der Zeitung zu kommen, sagte ich mir, sondern die Öffentlichkeit auf die schlechte Behandlung der Tiere im Schlachthof aufmerksam zu machen und aufzudecken, wie wenig sich die örtlichen Geschäfte darum kümmerten, woher ihr Fleisch kam. Klar, wenn ich in die Zeitung käme, hätte ich die Herausforderung gemeistert, doch letzten Endes ging es nicht um mich.

Andrew saß bereits auf einer Bank. Auf dem Boden neben ihm stand ein riesiger Rucksack. Er sah blass und verschwitzt aus.

»Alter«, sagte ich, »du siehst blass und verschwitzt aus.«

»Kein Wunder«, erwiderte er etwas außer Atem. Er wies mit dem Kinn auf den Rucksack. »Hast du eine Ahnung, wie schwer das Ding ist?«

Die hatte ich nicht und gab es auch zu. Doch aus Solidarität versuchte ich, ihn hochzuheben, und hätte mir dabei fast die Schulter ausgerenkt. Möglicherweise beide.

»Was hast du denn da drin?«, fragte ich. »Einen Amboss oder eine lebensgroße Bronzeskulptur eines übergewichtigen Nilpferds? Oder beides?«

»Die Ausrüstung«, antwortete Andrew.

Wir hatten am Abend zuvor darüber gesprochen und

waren uns einig, dass man zwei Dinge braucht, um sich an ein Geländer anzuketten. Ein Geländer und Ketten. Wir vertrauten darauf, dass das Geländer vor dem Einkaufszentrum für uns bereitstand – es war höchst unwahrscheinlich, dass Gemeindearbeiter es in der Nacht entfernt hatten. Blieben noch die Ketten. Weder Andrew noch ich konnten es uns leisten, welche zu kaufen, was bedeutete, dass wir elterliche Schuppen durchsuchen mussten. Nicht um zu stehlen, versteht sich, nur um zu borgen. Wir würden sie zurückbringen. Ich sage »elterliche Schuppen«, aber im Grund lohnte sich die Suche nur in einem Schuppen.

Mein Vater arbeitet in Immobilien und besitzt nicht einmal einen Hammer. Unser Schuppen ist leer. Oder er wäre es, wenn wir denn einen hätten.

Andrews Dad hat eine neonfarbene Arbeitsweste, mehr Elektrowerkzeuge als ein Baumarkt, und sein Schuppen ist gesteckt voll mit genügend Material, um eine sechsspurige Autobahn zu bauen.

»Ketten«, sagte ich.

»Und Schlösser«, ergänzte Andrew. »Du kannst keine Knoten in Ketten machen. Zumindest keine, die halten.«

Wir blieben zwanzig Minuten auf der Bank sitzen, teils, damit Andrew wieder zu Atem kam, und teils, weil wir eine fixe Verabredung um zwölf hatten.

»Destry hat einen Freund«, sagte ich.

»Ja, ich weiß. Sieht gut aus, der Typ. Hat gerade im St. Martin angefangen.«

»Warum hast du mir das nicht gesagt?«

»Warum hätte ich es dir sagen sollen?«

Ich breitete die Arme aus und verdrehte die Augen. Etwas übertrieben dramatisch, ich geb's zu, aber gleichzeitig wirkungslos, da Andrew seine Turnschuhe betrachtete, als würden sie wichtige Geheimnisse bergen.

»Andrew? Hallo? Du weißt, dass ich Destry Camberwick liebe, und hast nicht daran gedacht, mich von einem kleinen Problem zu unterrichten? Dass sie einen Freund hat, der mich aussehen lässt wie Shrek?«

»Er lässt dich nicht aussehen wie Shrek.«

»Ach nein?«

»Nein. Dafür sorgst du schon selbst.« Andrew stand auf und reckte sich. Er blickte auf den Rucksack. »Du bist dran. Und, Rob, ich habe dir nichts von Destrys Kerl erzählt, weil es keinen Unterschied macht.«

Ich schaffte es gerade so, den Rucksack auf die Bank zu hieven. Dann kauerte ich mich hin und streckte die Arme durch die Gurte. Mich aufzurichten war schwierig, und kurz sah ich vor meinem geistigen Auge, wie ich vornüberkippte und der Rucksack mich zerquetschte, als sei ich eine Küchenschabe. Wenn sie ihn hochhoben, wäre nichts von mir übrig als ein blutiger Fleck im Gras. Aber es gelang mir, aufrecht zu bleiben, auch wenn ich schwankte.

»Keinen Unterschied?« Andrew war verrückt und das war der Beweis.

»Nein. Du wirst nie etwas erreichen, solang du diese negative Einstellung zu den Dingen hast, Rob. Das ist dein größtes Problem. Du glaubst, du seist Destrys nicht wert, und deshalb wird es immer so sein. Hab Selbstvertrauen. Wenn du Selbstvertrauen hast, hat keiner eine Chance gegen dich. Kein Junge, egal wie gut er aussieht, könnte mit dir konkurrieren.«

Ich muss zugeben, dass seine Worte ein gutes Gefühl in mir auslösten. Bis es mir wieder einfiel.

»Du hast gesagt, ich sehe aus wie Shrek«, erinnerte ich ihn.

»*Du* hast gesagt, du siehst aus wie Shrek«, entgegnete er. »Ich habe dir nur zugestimmt. Beschwer dich nicht, wenn ich dich disse, wenn du dich die ganze Zeit selbst schlechtmachst.«

Andrew ist manchmal cleverer, als es für ihn gut ist. Möglich, dass ich das schon einmal erwähnt habe.

54

»Ich bin nicht völlig bescheuert, Großvater«, schnaubte ich.

Pop stellte die Schachfiguren auf und sagte nichts. Als alle Figuren auf ihrem Platz standen, blickte er mich über das Brett hinweg an. Ein Auge war halb zu wie bei einem seltsam verstörenden Zwinkern.

»Ich habe dich nie für *völlig* bescheuert gehalten, Junge. Nur für *teilweise* bescheuert wie der Rest der Menschheit auch.« Er streckte eine Hand aus, die Handfläche nach oben, und lud mich so ein zu beginnen. Ich schob meinen Bauern vor dem Springer ein Feld vor.

»Gutes Beispiel«, kommentierte er. »Was für eine bescheuerte Eröffnung ist das denn?«

»Eine, die ich noch nie probiert habe. Alle andere haben zu Niederlagen geführt.«

»Und du glaubst, die führt nicht dazu?«

»Wahrscheinlich kommt dasselbe dabei heraus, aber wenigstens werde ich mal *anders* verlieren.«

Großvater grunzte und zog mit seinem Bauern zwei Felder vor.

»Ich glaube, du bist Mitte der Sechzigerjahre entweder eingezogen worden oder hast dich freiwillig für den Vietnamkrieg gemeldet«, sagte ich. »Ich glaube, du hast in diesem Krieg gekämpft, möglicherweise 1966 in der Schlacht von Long Tan. Dann bist du nach Australien zurückgekommen und hast 1967 meine Großmutter getroffen. Vielleicht bist du im Krieg verwundet worden. Oder vielleicht hat man dir einfach erlaubt, in die Heimat zurückzukehren. Bin ich nah dran?« Ich schob meinen Bauern vor dem Springer zwei Felder vor. »Ich habe mich über Kriege in den Sechzigern informiert«, fügte ich hinzu. »Die, an denen Australien beteiligt war.«

Großvater schwieg. Ich versuchte, seinem Blick auszuweichen, sah aber unwillkürlich, dass seine rechte Hand zitterte. Ich widerstand dem Drang, die Stille zu durchbrechen.

»Ich habe dir gesagt, dass ich nicht darüber reden will«, sagte Großvater schließlich. »Ist das wirklich zu viel verlangt?«

»Ja, ist es. Ich möchte nicht alle *Einzelheiten* wissen, nicht alles, was du gesehen hast, die ganzen Gräuel, die du erlebt hast. Ich möchte nur ein paar *Tatsachen*, Großvater. Mehr nicht. Nette, unkomplizierte Tatsachen darüber, wo du warst. Das kann doch nicht so schwer sein, oder? ›Ja, ich war im Vietnamkrieg. Von 1965 bis 1967. Okay, Rob? Willst du eine Tasse Tee?‹ Das würde mir schon genügen.« Ich war mir nicht sicher, ob das tatsächlich der Wahrheit entsprach, doch das brauchte Großvater nicht zu wissen.

Pop erhob sich und nahm seinen Gehstock. Er ging die paar Schritte zu den Erkerfenstern und blickte hinaus auf den See. Plötzlich machte ich mir Sorgen. Großvater ließ nie ein angefangenes Spiel im Stich. Hatte ich wirklich einen Nerv getroffen, den ich nicht hätte treffen dürfen, nur um meine Neugier zu befriedigen? Oder war das eine legitime Gelegenheit, die Lücken in meiner persönlichen Geschichte zu schließen, mein rechtmäßiges Erbe?

Großvater seufzte.

»Vielleicht hast du recht, Rob.« Er redete so leise, dass ich genau hinhören musste, um ihn zu verstehen. »Ja, ich habe im Vietnamkrieg gekämpft. Ich war in Nui Dat in der Provinz Phuoc Tuy stationiert. Ja, ich habe Gräuel gesehen, besonders in der Schlacht von Long Tan. Und die meisten Gräuel habe ich selbst begangen. Wolltest du das hören? Bin ich jetzt entlassen?«

Mein Mund war trocken geworden. Nicht nur wegen Großvaters Worten, viel mehr wegen des Tons, in dem sie gesagt wurden. Nicht resigniert – das ist nicht das richtige Wort. Eher … müde. Entsetzlich müde.

»Großvater, es tut mir leid. Ich sollte nicht in deiner

Vergangenheit herumschnüffeln. Du hast recht. Es geht mich nichts an.«

Ich wollte aufstehen und eine Hand auf seine Schulter legen. Nein. Ich wollte aufstehen und ihn in den Arm nehmen. Aber ich fürchtete mich vor dem, was dann passieren könnte. Was wäre, wenn er schauderte und mich wegstieß?

Pop stand vor dem hellen Hintergrund des Fensters. Draußen sank die Sonne in die Baumwipfel und das Wasser des Sees leuchtete golden. Großvater schauderte tatsächlich. Und er schien zu schrumpfen. Als er sich mir wieder zuwandte, war es, als sei er innerhalb von zwei Minuten um Jahre gealtert.

»Spielen wir weiter«, sagte er. Bildete ich es mir nur ein oder waren seine Schritte zurück zum Tisch unsicherer als sonst?

Er setzte sich und schaute aufs Schachbrett, machte einen Zug. Dann trafen sich unsere Blicke. »Nicht deine Schuld, Rob.« Er lächelte, aber sein Lächeln wirkte irgendwie verzerrt. »Nicht im Geringsten deine Schuld, okay?«

Ich nickte, doch das bedeutete nicht, dass ich ihm zustimmte. Ich fühlte mich durch und durch schuldig.

»Manchmal«, fuhr er fort, »wenn man eine Flasche öffnet und den Inhalt ausschüttet, bekommt man ihn nicht mehr hinein. Verstehst du, was ich meine?«

Wieder nickte ich.

»Ich werde dir einiges über meine Zeit in Vietnam erzählen, weil ich glaube, dass du es verdient hast zu erfahren, weshalb deine Großmutter nicht bei mir bleiben konnte. Dieser Teil *ist* dein Erbe, und du solltest wahrscheinlich wissen, weshalb du nie eine Großmutter hattest, die dir Gutenachtgeschichten vorgelesen und dich aufwachsen gesehen hat. Aber ich werde nicht allzu viel darüber reden, und wenn ich fertig bin, bin ich fertig. Okay?«

Ich nickte.

Er wies aufs Brett. »Du ziehst.«

55

Andrew hatte nicht nur genügend Zeug mitgebracht, um uns beide an das Geländer vor dem Supermarkt anzuketten. Es hätte auch für die Angestellten und sämtliche Kunden gereicht. Nicht nur Ketten, sondern auch Vorhängeschlösser. Kleine und schwergewichtige, insgesamt über dreißig. Ich konnte kaum glauben, dass sein Dad jemals so viel Zeug brauchte, selbst wenn er damit handelte (was er tat). Vielleicht sammelte er Ketten und Vorhängeschlösser, wie andere Leute Porzellanfiguren und antike Schnupftabakdosen sammeln. Das war ein schräger Gedanke und er gefiel mir.

Andrew kümmerte sich zuerst um mich. Ich setzte mich mit dem Rücken zum Geländer auf den Bürgersteig, und er schlang die Ketten um meine Arme und Beine, über meinen Hals und um die Geländerstangen. Gelegentlich hängte er ein Vorhängeschloss ein und ließ es zuschnappen. Wir hatten darüber gesprochen:

Falls der Metzger oder der Manager des Supermarkts herauskamen, wollten wir nicht, dass sie die Ketten in fünf Sekunden aufdröselten und uns zum Teufel jagten. Was für ein Protest wäre das denn? Nein, wir hatten uns auf längere Zeit eingerichtet. Ein paar Fußgänger schauten leicht verdutzt in unsere Richtung, doch niemand sprach uns an.

»Wie fühlt es sich an?«, fragte Andrew, als er fertig war. Ich spannte die Muskeln an Armen und Beinen an und versuchte, mit dem Hintern über den Gehweg zu rutschen. Ich war festgezurrt wie eine gefüllte Weihnachtsgans. (Nein. Tierquälerei. Wie ein Christstollen. Nein. Das ergibt keinen Sinn.)

»Super«, sagte ich. »Ich gehe so schnell nirgendwohin.«

»Okay. Jetzt bin ich dran.«

Erst in dem Moment erkannten wir das Problem. Andrew stand mit ein paar Kilometer schwerer Ketten über den Armen da. Er konnte sich nicht anketten, und ich konnte es genauso wenig, da ich an einer Hand kaum die Finger bewegen konnte.

»Du könntest einen Passanten bitten«, schlug ich vor.

Er tat es, aber es funktionierte nicht. Was vielleicht nicht wirklich überraschte. *Entschuldigen Sie. Ich bin vierzehn Jahre alt und wäre Ihnen dankbar, wenn Sie mich mit Ketten und diversen Schlössern an das Geländer hier fesseln würden.*

Zum Glück tauchte Schlag zwölf Großvater auf.

»Tag, Jungs. Braucht ihr Hilfe?« Er hatte die Situation rasch erfasst. »Ich weiß nicht«, murmelte er, »wenn euer Gehirn Dynamit wäre, würd's nicht mal reichen, um euch den Hut vom Kopf zu blasen.«

»Wir tragen keine Hüte, Mr Fitzgerald«, bemerkte Andrew.

Schnell und effektiv fesselte Großvater Andrew neben mich ans Geländer. Es muss für alle, die es beobachteten, ein bizarres Schauspiel gewesen sein – ein alter Herr, der mitten in der Stadt einen Jungen festband. Wahrscheinlich kann man dafür verhaftet werden. Zum Glück kam die Polizei nicht vorbei. Jede Menge anderer Leute kamen, aber niemand schritt ein, was irgendwie besorgniserregend war. Wir hätten einen Juwelierladen überfallen können. Die Leute wären vorbeigeschlendert, den Blick auf ihre Handys gerichtet, mit Ketten und Schlössern an ihr eigenes inneres Geländer gefesselt. Waren die Leute schon immer so? Ich bezweifelte es und nahm mir vor, Großvater bei Gelegenheit danach zu fragen. Er kannte nicht die *gesamte* Vergangenheit, hatte aber doch einen Großteil davon erlebt.

»Okay.« Großvater zerrte an den Schlössern und Ketten. Er schien zufrieden. »Habt ihr's bequem?«

Wie kann man es bequem haben, wenn man mit Ketten und Vorhängeschlössern an ein Geländer gefesselt ist, während die Kälte des frostigen Zements dir in den Hintern kriecht?

»Super. Danke«, antworteten wir im Chor.

»Und wo sind eure Plakate?«

Andrew und ich schauten uns an. Falsch. Wir *versuchten* uns anzuschauen, doch die Ketten waren so straff gespannt, dass es schwierig war, Blickkontakt herzustellen.

»Du hast gesagt, du würdest dich um die Plakate kümmern, Rob«, behauptete Andrew.

»Habe ich nicht.«

»Aber du hättest es sagen *sollen*. Ich habe schließlich die Ketten und Schlösser gebracht. Du kannst nicht erwarten, dass ich alles mache.«

»Jetzt Moment mal …«

»Klappe halten«, blaffte Großvater, »ihr schwachsinniger Haufen Katzenscheiße.« Ich wollte mich gegen die Beleidigung verwehren, musste jedoch damit rechnen, dass Großvater, wenn ich es tat, uns beide knebelte und davonging. »Da hockt ihr also, angekettet an ein Geländer, und kein Mensch weiß, warum. Super! Habt ihr euch auf Telepathie verlassen oder einfach gehofft, dass die Leute euch fragen? ›Entschuldigung, seid ihr hier aus einem bestimmten Grund angekettet oder verbringen Teenager heutzutage so ihre Wochenenden?‹ Ich würde euch nicht ansprechen. Ich würde so tun, als gäbe es euch nicht, genau wie all die anderen

Leute hier.« Großvater machte eine Handbewegung, die die ganze Umgebung einschloss. In der Innenstadt war inzwischen ziemlich viel los, doch niemand schaute in unsere Richtung. Das lag zum Teil daran, dass wir beide auf dem Boden saßen und die Leute über uns hinwegschauten. Großvater seufzte. »Ich gehe und besorge ein paar Plakate und einen Filzer.« Er schüttelte den Kopf. »Ehrlich. Ihr Jungs stellt die Zukunft der menschlichen Rasse dar. Himmel hilf! Okay, ich beeile mich. Geht nicht weg.«

»Wir können nicht, Mr ...«

»Er macht Witze«, erklärte ich.

»Oh.«

Pop war nur zehn Minuten weg, doch genau in der Zeit tauchte Destry Camberwick auf.

»Hi, Rob. Hi, Andrew.«

»Destry. Wie geht's so?«, fragte Andrew.

»Gut.« Sie kauerte sich hin, damit wir sie im Ganzen sehen konnten und nicht nur ihre Kniescheiben anstarren mussten. Versteh mich nicht falsch. Ich schaute ihre Kniescheiben gern an. Es waren großartige Kniescheiben. Aber es war auch toll, ihr in die Augen zu schauen. »Ich weiß, es ist unhöflich, so direkt zu fragen, aber mir ist aufgefallen, dass ihr ans Geländer angekettet seid.« Sie legte eine Hand auf *mein* Knie und ein Teil von mir schrumpfte und starb. »Genau wie du gesagt hast, Rob. Aber gibt es einen Grund? Oder verbringt ihr so gern euer Wochenende?«

Ich erklärte ihr die ganze Sache.

»Ihr braucht Plakate«, sagte sie, als ich fertig war.

»Ich weiß. Mein Großvater ist gerade losgezogen, um welche zu holen. Oh, da ist er schon wieder.«

Pop hatte nicht nur Plakate organisiert, er hatte sie auch beschriftet und auf Latten getackert.

Kauft kein Fleisch bei Metzger Dixon und in Morgans Supermarkt

Unterstützt keine Tierquälerei!

Er stellte sie zwischen unseren Knien auf.

»Großvater, das ist Destry Camberwick«, sagte ich. »Destry, das ist mein Großvater.«

Pop blickte Destry an und dann wieder mich. In diesem Moment bedauerte ich, ihn vorgestellt zu haben. Ich hätte es besser wissen müssen. Ich hätte sagen sollen: *Ich habe keine Ahnung, wer der alte Trottel ist, Destry.* Das hätte zwar auf längere Sicht nicht funktioniert, aber es hätte mir etwas Zeit verschafft.

»Was? *Die* Destry Camberwick?«

»Äh. Also. *Eine* Destry Camberwick.«

»Die, in die du verknallt bist?«

Ein zweimonatiges Schweigen trat ein. Okay, vielleicht keine zwei Monate, vielleicht eher fünf Sekunden, aber immer noch lang genug, um tausend Tode zu sterben.

»Nein«, antwortete ich zwei Monate später, »das ist eine völlig andere Destry Camberwick.«

Man kann hoffen, dass einen der Erdboden verschluckt, aber machen wir uns nichts vor. Es ist unwahrscheinlich, dass er es tatsächlich tut. Vor allem dann nicht, wenn man vor einem Supermarkt ans Geländer angekettet ist und Plakate zwischen den Schenkeln hat. Wahrscheinlich hat es mit irgendeinem physikalischen Gesetz zu tun.

Großvater betrachtete Destry von oben bis unten.

»Ich dachte, du seist eine Rockband aus den Achtzigern«, sagte er.

56

Es war einmal ein Hund, der lebte in den 1920er-Jahren irgendwo in Amerika.

Seine Familie liebte diesen Hund so sehr, dass sie, wenn sie Urlaub machten, keinen Hundesitter organisierten und ihn auch nicht in eine Hundepension gaben. Sie hätten ihn zu sehr vermisst.

Deshalb nahmen sie den Hund mit auf eine sehr lange Autoreise. Eine sehr, sehr lange Autoreise.

Alles wäre gut gewesen, wenn der Hund nicht eines Tages verschwunden wäre. Die Familie war entsetzt und völlig aufgelöst. Sie suchten und suchten, konnten ihn aber nicht finden. Schließlich mussten sie nach Hause zurückkehren. Sie hatten keine andere Wahl. Es war eine lange und emotionsgeladene Heimreise. Viele Tränen wurden vergossen. Sie wussten, dass sie ihren Hund nie wiedersehen würden.

Nur – ja, es geschah früher schon und wird wahrscheinlich auch in Zukunft passieren –, der Hund fand den Weg zurück nach Hause. Stell dir vor, wie glücklich die Familie war, als sie ihn einige Monate nach ihrer Rückkehr die Auffahrt heraufhumpeln sahen. Und stell dir vor, wie überrascht sie waren.

Dazu musst du wissen, dass der Hund zweieinhalb Tausend Meilen bis nach Hause gegangen war. Das sind viertausend Kilometer.

Kennst du jemanden, der für einen geliebten Menschen viertausend Kilometer gehen würde?

Wo wir gerade von Hunden reden ...

Es war einmal ein Hund mit Namen Hachiko, der in Japan lebte. Der Mann, der das Leben mit ihm teilte, war Hidesaburo Ueno, Professor an der Universität von Tokio. Hidesaburo ging jeden Morgen zur Arbeit und kehrte jeden Abend mit dem Zug zum Shibuya-Bahnhof zurück.

Hachiko wartete jeden Abend am Bahnhof auf ihn. Ausnahmslos jeden Abend. Und sie waren jedes Mal überglücklich, sich wiederzusehen.

Doch eines Tages starb Hidesaburo. Er starb an seinem Arbeitsplatz, doch das konnte Hachiko natürlich nicht wissen. Also wartete er am Bahnhof, wie er es immer getan hatte. Als sein Herrchen nicht kam (Ist »Herrchen« überhaupt das richtige Wort? Wäre »Freund« zutreffender?), fragte er sich, was wohl geschehen war. Doch er wusste, er brauchte nur zu warten, irgendwann würde Hidesaburo schon kommen. So war es immer gewesen. Also wartete er und wartete.

Jeden Tag, über neun Jahre lang.

Als Hachiko starb, errichteten die Tokioer ein Denkmal für ihn. Es steht immer noch am Shibuya-Bahnhof in Tokio. Und so wartet Hachiko gewissermaßen heute noch.

57

Während der ersten halben Stunde unseres Protests waren wir praktisch unsichtbar. Doch dann änderte sich die Situation. Zuerst kam der Metzger heraus. Jemand hatte ihm wohl gesagt, dass wir angekettet waren und gegen seinen Laden protestierten, denn er stand plötzlich vor uns und war alles andere als erfreut.

»Was, verknorkt noch mal, glaubt ihr eigentlich, dass ihr hier tut?«, brüllte er.

»Fluchen Sie verknorkt noch mal nicht vor diesen verknorkten Kindern«, brüllte Großvater. »Sie tun nur das, was recht und billig ist – sie protestieren dagegen, dass Sie Ihr Fleisch von einem Schlachthof beziehen, wo Tiere gequält werden. Dagegen, dass die Steaks und Würste, die Sie verkaufen, einmal Lebewesen waren, denen ohne Narkose die Kehle durchgeschnitten wurde, ja, ohne dass sie richtig betäubt wurden. SIE VERDIENEN IHR GELD MIT DEM LEID DER TIERE!«

Der Metzger blickte sich um. Die meisten Passanten waren stehen geblieben und hatten zugehört. Er begriff offensichtlich, dass dies nicht die beste Werbung für seinen Laden war, denn er senkte die Stimme und ging einen Schritt auf Großvater zu.

»Hör zu, Kamerad«, murmelte er, »ich kann mir nicht aussuchen, woher ich mein Fleisch bekomme. Es gibt nur einen Schlachthof hier in der Gegend ...«

»Keine Ausflüchte«, fuhr Pop noch lauter fort. »Gehen Sie zurück in Ihr Geschäft, und sorgen Sie dafür, dass Ihr unmoralischer Laden weiter läuft. An Ihren Händen klebt Blut, Kamerad. AN IHREN HÄNDEN KLEBT BLUT!«

Der Metzger blickte auf seine Hände.

»Natürlich klebt da Blut. Ich bin Metzger.«

»ER GIBT ES ZU!«, brüllte Großvater.

»Ich rufe die Polizei«, drohte der Metzger und ging zurück zu seinem Laden.

»ER RUFT DIE POLIZEI WEGEN DIESER KINDER, DIE NUR VERSUCHEN, UNSCHULDIGE TIERE ZU BESCHÜTZEN!«

Ein paar Leute aus der Menge zischten dem Typen nach, als er in seinem Laden verschwand. Fast tat er mir leid.

»Ich muss pinkeln«, sagte ich. Wahrscheinlich könnte ich es in einer Viertelstunde nach Hause und wieder zurück schaffen. »Gib Großvater die Schlüssel zu den Schlössern.«

»Welche Schlüssel?«

»Sag mir, dass du nicht nur Schlösser, sondern auch Schlüssel mitgebracht hast.«

»Nein. Ketten und Schlösser. Über etwas anderes haben wir nicht gesprochen.«

»Na super.« Ich versuchte, die Beine zusammenzupressen, was wegen der Ketten schwierig war.

Großvater schlenderte gegen zwei davon, um sich ein Stück Gemüsekuchen zu holen. Ich hatte großen Durst, doch meine Blase brauchte nicht noch etwas. Hunger hatte ich auch, aber ich wollte das Schicksal nicht herausfordern, weshalb ich sein Angebot, mir etwas zu essen oder zu trinken zu bringen, ablehnte.

»Willste kämpfen?«, ertönte eine vertraute Stimme. »Los, Fitzgerald, sei ein Mann. Oder hat's dir die Sprache verschlagen?«

Möglich, dass Daniel Smith uns schon eine Stunde lang beobachtet und auf seine Chance gewartet hatte, denn Großvater war gerade mal zwei Minuten weg.

»Wie kann ich gegen dich kämpfen, Daniel?«, erwiderte ich. »Ich bin angekettet.«

»Immer eine Ausrede, um nicht deinen Mann stehen zu müssen. Ich sollte dir auf der Stelle den Schädel eintreten.«

»Tu's doch«, forderte Andrew ihn auf, »und du wirst es dein Leben lang bereuen. Die ganzen zehn Minuten, die du dann noch hast.«

»Hallo, Daniel Smith«, grüßte Miss Pritchett.

»Oh Gott«, stöhnte Daniel.

»Miss«, fragte ich, »ist was dran an dem Gerücht, dass Sie eine Superheldin sind mit Kräften, von denen Sterbliche nicht einmal träumen können?«

Miss Pritchett las die Plakate.

»Ich sollte euch fairerweise sagen, dass die Rektorin in einem Café ein Stück die Straße hinunter eine Tasse Tee trinkt und ein süßes Stückchen dazu isst. Ich vermute mal, dass sie in weniger als einer halben Stunde über euch stolpern wird. Und ihr wisst, wie sie darüber denkt, wenn jemand unsere Schule in Verruf bringt.«

»Wir können noch nicht gehen«, erwiderte ich. »Der Reporter war noch nicht da.«

»Und wir protestieren gegen Tierquälerei«, meldete sich Andrew. »Wie kann das die Schule in Verruf bringen?«

»Ah. *Ihr* denkt vielleicht, das zu tun sei etwas Gutes und Edles. *Ich* denke vielleicht, das zu tun sei etwas Gutes und Edles. Aber das bedeutet nicht, dass *alle* es so sehen ...«

Gut und edel ...

58 »Es war im August 1966«, erzählte Großvater. »Ich war in Nui Dat stationiert, wie ich bereits gesagt habe.«

Er griff nach einem Bauern, überlegte es sich anders und stellte ihn aufs Brett zurück.

»Ich war siebenundzwanzig. Ein alter Mann, verglichen mit einigen Jungen, die auch dabei waren. Ich hatte mich freiwillig gemeldet, aber andere waren zwangsverpflichtet worden. Ihr Geburtstag wurde in der Lotterie gezogen.« Er sah meine Verwirrung. »Die Regierung hatte eine Art Lotterie veranstaltet. Dreihundertfünfundsechzig Tage kamen in einen Topf. Wurde dein Geburtstag gezogen...« Er zuckte mit den Schultern. »Herzlichen verknorkten Glückwunsch.«

»Warum hast du dich freiwillig gemeldet, Großvater?«, wollte ich wissen.

»Die alte Lüge«, antwortete er. »Habt ihr in der Schule schon Winfred Owen durchgenommen?« Ich schüttelte den Kopf. »*Dulce et decorum est, pro patria mori.* Das ist lateinisch und heißt: ›Es ist gut und edel, für dein Land zu sterben.‹ Das ist die alte Lüge. Und Owen hat die schönste Anti-Kriegs-Poesie daraus gemacht.«

»Aber warum ist es eine Lüge? Ist es keine gute Sache, für sein Land zu kämpfen, für Freiheit …?«

Pop hob eine Hand.

»Ich werde mich in diesem Punkt nicht mit dir streiten, Rob. Das ist eine Frage, die du für dich selbst beantworten musst. Ich erzähle dir nur von *meiner* Erfahrung. Ich habe viele Tode gesehen.« Für einen Moment veränderten sich seine Augen, als konzentrierte er sich auf einen Punkt in seiner Vergangenheit. »Viele, viele Tode. Keiner war gut. Keiner war edel.«

Seine Stimme war immer leiser geworden. Ich wartete, doch das Schweigen zog sich hin.

Ich wollte, dass er weiterredete. »Du warst in Nui Dat stationiert …«

Großvater zuckte leicht zusammen, dann war er wieder bei mir im Zimmer. Lächelnd machte er einen Zug mit seinem Springer. Ich hielt den Zug für einen Fehler, doch er hatte schon öfter Züge gemacht, die nach einem Fehler aussahen und sich als alles andere als ein Fehler herausstellten. Ich versuchte, mich auf die Positionen der Spielfiguren zu konzentrieren. »Wir gerieten unter Beschuss durch die Vietcong. Du weißt, wer die Vietcong waren?« Wieder schüttelte ich den Kopf. »Es waren

kommunistische Soldaten, die an der Seite der nord-
vietnamesischen Armee kämpften. Australische Trup-
pen kämpften mit Soldaten aus Amerika und einigen
verbündeten Nationen wie Neuseeland für Südvietnam
gegen den Norden und die Vietcong.«

»Warum?«

»Aus demselben Grund, aus dem *alle* Kriege geführt
werden. Eine Anschauung, eine Meinung. In diesem
Fall die Meinung, dass der Kommunismus etwas ganz,
ganz Schlechtes sei, dass er sich über die ganze Welt
ausbreiten und die Lebensart des Westens ausrotten
würde. Eigentlich war es ein Krieg der Amerikaner,
aber wir wurden hineingezogen.«

»War diese Meinung auch eine alte Lüge?«

Großvater schüttelte den Kopf. »Mach dich kundig,
Junge. Wie gesagt, du musst dir selbst eine Meinung
bilden über Dinge wie Kommunismus versus Kapitalis-
mus. Ich dachte, ich erzähle dir eine Geschichte. Willst
du sie hören oder nicht? Denn glaub mir, ich wär froh,
nicht noch einmal zu diesem Abschnitt meines Lebens
zurückkehren zu müssen.«

Ich zog mit meinem Springer.

»Sorry. Erzähl weiter.«

»Wir bekamen den Befehl, die Vietcong, die auf uns
geschossen hatten, aufzuspüren. Dazu musst du wissen,
dass dieser Krieg ganz anders war als andere Kriege.
Zum einen spielte sich ein Großteil der Kriegshandlungen

im Dschungel ab. Die Vietcong kannten sich im Dschungel aus. Er war ihr Zuhause. Für uns war er fremd und verwirrend. Wir hörten also die Schüsse, wussten aber nicht, wohin der Feind gegangen war. Wir verließen unser Lager, einhundertacht Mann, und gingen sie suchen. Wir landeten an einem Ort namens Long Tan.«

Er unterbrach sich erneut und griff nach seinem Turm. Seine Hände zitterten, und ich bedauerte, ihn zum Reden gedrängt zu haben. Aber es war zu spät. Ich glaube, ich wusste das. Diese Geschichte würde erzählt werden, so oder so.

»Tatsache ist«, fuhr Großvater fort, »dass wir glaubten, *wir* würden die Vietcong verfolgen, dabei hatten in Wirklichkeit sie uns verfolgt. Einhundertacht Soldaten, junge Männer nicht viel älter als du, Rob, nicht wirklich ... umzingelt von einer Armee, die keine Gefangenen machte. Eingeschlossen auf einem Platz nicht größer als zwei Fußballfelder. Umstellt.«

»Wie viele feindliche Soldaten waren da, Großvater?«

»Oh.« Er zog mit seinem Turm bis zur Mitte des Bretts. »Das weiß keiner so genau. Aber wahrscheinlich zweieinhalb Tausend. Zweieinhalb Tausend gegen einhundertacht. Wie denkst du über ein solches Verhältnis?«

Ich konnte nicht darauf antworten.

»Wir wussten, wir würden sterben.« Ich hatte ihn noch nie so leise reden gehört. »Es war ein ganz, ganz merkwürdiges Gefühl.«

59

Großvater, Daniel Smith, Destry Camberwick, Miss Pritchett und der Metzger (dem bald die Rektorin folgen sollte). Mein Sozialleben war noch nie so rege. Ich sollte mich öfter irgendwo anketten.

Und es reihte sich ein Gastauftritt an den anderen.

»Hallo, Mum. Hallo, Dad«, grüßte ich. Ich hatte keine andere Wahl. Sie standen vor mir, die Hände auf den Hüften, und schauten mit Blicken auf mich herunter, die töten konnten, wenn man ihnen entsprechend Zeit ließ. In dem Moment wurde mir nur mulmig. »So ein Zufall! Geht ihr ein bisschen bummeln? Meidet am besten den Metzger und den Supermarkt, wenn ich euch einen Rat geben darf ...« Ich versuchte ein gewinnendes Lächeln.

»Was um alles in der Welt tust du?«, fragte Mum. Jedes Wort ein Dolch. Bei den Worten und den Blicken war ich bald ein toter Mann.

»Ich bin an ein Geländer angekettet und protestiere gegen Tierquälerei«, antwortete ich. »Ich dachte eigentlich, die Ketten und die Plakate wären selbsterklärend.«

»Gibst du wieder den Schlaumeier?«

»Hör zu ...«, begann Großvater. Wie es sich herausstellte, war das keine kluge Äußerung. Ich weiß nicht, warum. *Hör zu* klingt nicht besonders provokativ. Mum wirbelte zu ihm herum.

»Ich hätte mir denken können, dass du etwas damit zu tun hast«, fauchte sie. »Wann immer Rob in Schwierigkeiten kommt, bist du nicht weit.«

Dad legte ihr eine Hand auf den Arm, doch sie schüttelte sie ab.

»Du übst einen schlechten Einfluss auf ihn aus«, fuhr sie fort. Ihre Blicke bohrten sich in Großvaters Augen.

»Danke für das Kompliment«, antwortete Pop. »Es ist gut zu wissen, dass ich noch einen schlechten Einfluss ausüben kann.«

»Und was dich betrifft ...« Mum wandte ihre Aufmerksamkeit wieder mir zu, was schade war. Ich hatte mich gefreut, dass Großvater für eine Weile unter Beschuss war und ich eine wohlverdiente Pause hatte. »Du hast Hausarrest für den Rest deines Lebens. Und jetzt steh auf. Wir gehen nach Hause.«

»Hm. Es gibt da ein kleines Problem«, wandte ich ein.

Andrew erklärte das Versehen bezüglich der Schlüssel zu den Schlössern.

Mum verdrehte die Augen. »Ihr seid Idioten.«

»Ich hab ihnen gesagt ...«, begann Großvater.

»Halt den Mund«, befahl Mum. Sie wies mit dem Finger auf Andrew. Er zuckte zusammen. »Ruf deinen Vater an, damit er euch losmacht.« Sie zeigte mit dem Finger auf mich. Unwillkürlich zuckte auch ich zusammen. »Dich erwarte ich in spätestens einer halben Stunde zu Hause. Andernfalls wird deine Strafe verlängert.«

Was? Hausarrest nicht nur für den Rest meines Lebens, sondern auch noch für das Leben nach dem Tod? Das sagte ich nicht laut. Ich hatte Angst, es überhaupt zu *denken.*

Großvater, Daniel Smith, Destry Camberwick, der Metzger, Mum und Dad und Miss Cunningham.

»Ich will euch gleich am Montagmorgen in meinem Büro sehen«, brüllte sie. Vielleicht bellte sie es auch.

»Ja, Miss Cunningham«, murmelten Andrew und ich.

Großvater öffnete den Mund, um etwas zu sagen. Die Rektorin zuckte zusammen und trat hastig den Rückzug an.

Die Sache lief ausgezeichnet. Dieser ganze Ärger und der Reporter hatte sich immer noch nicht gezeigt. Schlimmer konnte es nicht werden.

Dann wurde es doch schlimmer.

Großvater, Daniel Smith, Destry Camberwick, der Metzger, Mum und Dad, Miss Cunningham und die Polizei.

Hurra!

»Was ist hier los?« Sie waren zu zweit. Eine Polizistin und ein männlicher Kollege. Weder sie noch er wirkten besonders freundlich. Ich konnte nicht anders, ich musste ständig auf ihre Pistolen starren, die nicht gerade Wohlwollen und Friede auf Erden ausstrahlten.

»Hm …« Wieder einmal bewies ich, dass ich unter Stress immer genau die richtigen Worte finde.

»Diese Jungs protestieren gegen Tierquälerei«, erklärte Großvater. »Sie machen darauf aufmerksam, dass der lokale Einzelhandel Profit aus unmoralischen Praktiken zieht.«

»Tatsächlich?« Der männliche Kollege straffte die Schultern, drückte die Brust heraus, als wolle er Pop damit bedrohen. »Tatsächlich?«

»Ja«, erwiderte Großvater. »Und auf Ihre zweite Frage lautet die Antwort ebenfalls Ja.«

»Werden Sie nicht frech, Sie. Werden Sie nicht frech.«

»Die Jungs verstoßen gegen kein Gesetz«, fuhr Großvater fort.

»Ach nein? Ach nein?«, entgegnete der Polizist. »Das sollte wohl besser ich beurteilen. Ich sollte derjenige sein, der das beurteilt.«

»Warum sagen Sie alles zweimal?«, fragte Großvater. »Sind Sie lernbehindert? Ich frage Sie: Sind Sie lernbehindert?«

Ich bin mir nicht sicher, was mit Andrew und mir

geschehen wäre, wenn die Polizisten sich plötzlich nicht mehr für Großvater interessiert hätten als für uns. Ich kann mir nicht vorstellen, dass sie uns verhaftet hätten, aber selbst die Vorstellung erübrigte sich, denn als der Polizist einen Schritt nach vorn machte, boxte Großvater ihn auf die Nase.

Es war ein verblüffender Glücksfall, dass genau in dem Moment der Reporter auftauchte. Er schoss ein super Foto von uns, angekettet ans Geländer, mit den Plakaten unübersehbar vor uns. Er schoss auch ein super Foto von Großvater, wie er einem Polizisten auf die Nase boxte, und noch eines, wie er auf die Rückbank eines Polizeiautos verfrachtet wurde. Das Unheil war plötzlich abgewendet.

Nicht für Großvater natürlich.

Großvater, Daniel Smith, Destry Camberwick, der Metzger, Mum und Dad, Miss Cunningham, die Polizei, der Reporter und Andrews Vater.

Er hatte die Schlüssel für die Schlösser nicht, weshalb er nach Hause gehen und schweres Gerät holen musste, um uns freizuschneiden.

Auch er war nicht glücklich. Er hätte sich ganz hinten an eine lange Schlange nichtglücklicher Menschen anstellen müssen, aber das sagte ich ihm nicht.

60 Konsequenzen.

Hat nicht alles Konsequenzen? Das Leben wäre viel besser, wenn wir sie einfach loswerden könnten. Aber egal, hier sind ein paar:

Großvater wurde ohne Anklage entlassen. Die Polizei handelte in diesem Fall sehr kulant, denn auch wenn Großvater älter als Adam und Eva war, hatte er immerhin einen Beamten angegriffen. Er *hatte* gegen das Gesetz verstoßen. Vielleicht hatte sich die Polizei überlegt, dass es nicht gut für ihr Ansehen sei, einen wirklich alten Mann wegen Körperverletzung anzuklagen. Vielleicht hatten sie einfach beschlossen, Nachsicht zu üben. Er war, aus welchem Grund auch immer, nach wenigen Stunden wieder zu Hause.

(Ich weiß, was wirklich geschehen war. Pop hatte mir und Andrew Zeit verschafft. Er hatte dem Beamten eins auf die Nase gegeben, damit sie sich mehr um ihn kümmerten und uns in Ruhe ließen. Ich habe Großvater darauf angesprochen, und er schnaubte: »Mach dir nichts vor, Junge. Und stell keine Vermutungen an. Was ich tue, liegt in meiner Verantwortung. Genauso wie es in deiner Verantwortung liegt, was du tust. Und verhalte dich nie, *niemals* respektlos gegenüber der Polizei«, fügte er hinzu. »Sie machen unter schwierigen Umständen einen fantastischen Job.« (Ich wollte ihn darauf hinweisen, dass ich die Polizei sehr wohl respektiere und dass er es war, der einen Beamten tätlich angegriffen hatte, ließ es dann aber sein.)

Ich kam auf die Titelseite der Zeitung. Mein Name war falsch geschrieben, aber das spielte keine Rolle. (Wie konnte man »Rob« falsch schreiben?) Es gab bei dem Artikel auch ein Foto von Großvater, wie er abgeführt wurde. Erstaunlicherweise weckte unser Protest erneut das Interesse an den Bedingungen im Schlachthof. Ein paar Leute verfassten Leserbriefe und sprachen sich für einen Fleischboykott aus. Das wiederum veranlasste den Metzger und den Supermarkt zu verkünden, dass sie kein Fleisch mehr vom Schlachthaus beziehen würden, bevor nicht zu hundert Prozent gesichert sei, dass *jederzeit* tierschutzgerechte Praktiken angewandt würden.

Und im örtlichen Schlachthof wurden tatsächlich tierschutzgerechte Praktiken eingeführt. Videoüberwachungsanlagen wurden installiert, sodass jeder Vorgang kontrolliert werden konnte.

Ich bekam eine SMS:

> Glückwunsch, Rob. Du hast die Herausforde-
> rung angenommen und sie gemeistert.
> Erwarte bald eine neue.

Ich schrieb zurück: Danke, Großvater. Ich freue mich darauf.

Die Antwort kam prompt: Nicht dein Großvater.

Das kaufte ich ihm natürlich nicht ab.

Miss Cunningham hätte uns gern für mindestens drei Tage vom Unterricht ausgeschlossen, doch das konnte sie nicht. Ich glaube, jemand hat sie darauf hingewiesen, dass wir nach Unterrichtsschluss mehr oder weniger tun können, was wir wollen. Wir trugen unsere Schuluniformen nicht, und so konnte man uns nicht vorwerfen, die Schule in Misskredit gebracht zu haben. Sie war nicht glücklich darüber, und mir war klar, dass unser schulisches Leben um einiges komplizierter werden würde. Aber wir konnten den Unterricht besuchen, worüber ich froh war.

Mum und Dad verordneten mir wie versprochen Hausarrest, nicht nur lebenslang, sondern bis in alle Ewigkeit. Also, okay, eine Woche. Es fühlte sich aber an wie eine Ewigkeit. Am Samstag darauf schlug ich im Palast der alten Fürze auf, ging mit Trixie im Park spazieren und besuchte Großvater zu einer Partie Schach.

61 »Wir glaubten uns in der Hölle«, erzählte Großvater. »Vor allem als der Monsun einsetzte.«

»Der Monsun?«

»Ein Unwetter. Eine echte Glückssträhne, oder? Einhundertacht vor Angst schlotternde Soldaten, umgeben von Tausenden Feinden, und dann öffnet der Himmel seine Schleusen. Überall Blitze, gewaltiger Donner und sintflutartiger Regen, der die Sicht praktisch auf null reduzierte.« Großvater lächelte betrübt. »Der absolut schlechteste Zeitpunkt, um quasi blind zu werden.«

»Was habt ihr gemacht?«

»Was glaubst du? Keiner von uns konnte wirklich etwas erkennen, aber wir haben auf sie geschossen und sie auf uns. Australier, ein paar Kiwis und Tausende Vietcong, die alle die erforderlichen Schritte in diesem bescheuerten Tanz machten, der sich Krieg nennt.« Pop schlug meinen Springer mit seinem Läufer. Ich hatte damit gerechnet und schlug den Läufer mit meiner Dame.

»Schach«, sagte ich.

Großvater rieb sich über die Bartstoppeln an seinem Kinn, während er das Brett betrachtete.

»Die Schlacht dauerte dreieinhalb Stunden, auch wenn es uns wie eine Ewigkeit vorkam. Lange Zeit danach hat jemand ausgerechnet, dass ungefähr vierhunderttausend Schuss Munition abgefeuert wurden. Vierhunderttausend! Das kann man fast nicht glauben.« Pop setzte seinen König um ein Feld zurück. »Fast zweitausend Schuss pro Minute. Dreißig pro Sekunde. Ein paar Soldaten wurden ohnmächtig von den Korditdämpfen aus den Gewehren. Das musst du dir mal vorstellen. Ein heftiger Tropensturm, Regen, der einem die Sicht nahm, Donner, den man über den ohrenbetäubenden Schüssen nicht hören konnte, grelle Blitze, bei denen man manchmal den Feind vorrücken sah. Er rückte immer weiter vor. Ich hatte jede Menge Albträume deshalb. Nicht zu vergleichen mit dem im Wachzustand.«

Ich wusste, welchen Zug ich als Nächstes machen wollte, machte ihn aber nicht. Großvater wanderte durch den Dschungel seiner Erinnerung, und ich musste warten, bis er wieder daraus auftauchte.

»Eines war seltsam«, fuhr er fort. »Die feindlichen

Soldaten kamen auf uns zu. Ständig immer näher. Aber sie versuchten nicht in Deckung zu gehen. Sie versteckten sich nicht hinter Bäumen oder Büschen, obwohl der Himmel weiß, wie viele es davon gab. Nein. Hast du je einen Zombiefilm gesehen, Rob?«

Ich hatte noch keinen gesehen, mir aber einmal eine Dokumentation darüber angeschaut, als Mum und Dad nicht zu Hause waren. Ich nickte.

»Sie waren genau so.« Ihn schauderte kaum merklich. »Sie kamen auf uns zu, wir schossen auf sie, und sie fielen. Dann traten zwei andere an die Stelle der Gefallenen. Wir erschossen sie und wieder andere traten an ihre Stelle. Es war das Bizarrste, das ich je erlebt habe. Und das alles über mehrere Stunden, bei Gewitter und Regen und Wolken von Munitionsdampf. Danach fanden wir etwa zweihundertfünfzig tote Vietcong, doch wir töteten und verwundeten sehr viel mehr.«

»Wie viele Australier starben, Großvater?«, fragte ich.

»Achtzehn. Und vierundzwanzig wurden verwundet. Ich war einer von ihnen. Eine Kugel traf mich am Arm, aber soll ich dir was sagen? Ich hab's erst gemerkt, als die Schlacht vorbei war. Soviel ich weiß, wurde ich bereits in den ersten Minuten getroffen und kämpfte stundenlang weiter. Ich erinnere mich, dass ich an mir heruntergeschaut, die Schusswunde gesehen und erst dann Schmerz empfunden habe.« Er schüttelte den

Kopf, als zweifelte er an seiner eigenen Geschichte. »Ich verbrachte einige Zeit in einem Feldlazarett, bevor ich mit dem Schiff nach Australien zurückgebracht wurde. Ich bin nie mehr in einen Krieg gezogen. Leider spielte das keine Rolle, da es sich herausstellte, dass ich den Krieg mit zurückgebracht hatte. Hier oben.« Er tippte sich mit dem Zeigefinger an die Schläfe.

Ich erwiderte nichts darauf. Ich glaubte, ihn verstehen zu können, wusste aber dennoch, dass es am besten war, möglichst wenig zu sagen. Großvater warf einen Blick aufs Brett.

»Ich glaube, du bist am Zug.«

Ich schob meine Dame zur letzten Reihe.

»Schachmatt.«

Großvater schreckte auf und beugte sich übers Brett. Sein Blick huschte über die verbliebenen Figuren.

»Ich will verknorkt sein. Es stimmt. Meine Fresse. Schachmatt.« Er streckte mir über das Brett hinweg die Hand hin. »Glückwunsch.«

Ich nahm seine Hand nicht. »Hast du mich gewinnen lassen?«

»Nein«, antwortete Großvater in scharfem Ton. »Ich habe dir gesagt, dass ich dich nie gewinnen lassen würde, und ich hab's auch nicht getan. Du hast mich nach allen Regeln der Kunst geschlagen.«

»Schwörst du's?«

»Ich schwöre.«

»Schwöre es bei deinem Leben.«

»Ich will tot umfallen, wenn es nicht so war.«

Da ergriff ich seine Hand.

Wir saßen auf unserer üblichen Bank mit Blick auf den See und den tröpfelnden Springbrunnen. Großvater hatte gesagt, er bräuchte frische Luft. Also hatten wir das Schachbrett weggepackt und waren den Weg hinuntergeschlendert. Eine kränkliche Sonne ließ die Wasseroberfläche glitzern.

»Posttraumatisches Belastungssyndrom«, sagte ich.

»Oh. Ja. Ganz schön große Worte, aber eine ziemlich treffende Zusammenfassung. Wenn du eine zutiefst leidvolle, schmerzhafte Erfahrung machst, ist es manchmal schwierig, wenn nicht gar unmöglich, sie abzuschütteln. Sie bleibt bei dir und quält dich, auch wenn die Erfahrung selbst längst Vergangenheit ist.«

»Hast du das gemeint, als du gesagt hast, du hättest den Krieg mit nach Hause gebracht?«

»Ja.« Großvater beugte sich auf der Bank vor und legte eine Hand auf seine Brust. »Ich habe dir das alles erzählt, um das mit deiner Großmutter zu erklären, nicht weil ich Mitleid wollte oder um dich davon zu überzeugen, dass Krieg etwas Schreckliches ist. Ich werde die Geschichte jetzt zu Ende bringen, Rob, und dann reden wir nicht mehr darüber. Okay?«

»Okay.«

»Ich habe vorher schon mal ein Gedicht von Wilfred Owen erwähnt. Er hat im Ersten Weltkrieg gekämpft, vor gerade mal hundert Jahren. Das war ein Krieg, den sich niemand vorstellen konnte. Abertausende Soldaten wurden abgeschlachtet, und das routinemäßig, um ein paar Meter Dreck zwischen den Schützengräben zu gewinnen. Und die Wahrscheinlichkeit war groß, dass die paar Meter am nächsten Tag wieder verloren wurden.« Großvater schüttelte den Kopf. »Soldaten litten unter PTBS, weil sie Gräuel erlebten, die sich kein Mensch vorstellen kann. Und das Tag um Tag und Monat um Monat. Doch von posttraumatischer Belastungsstörung wusste niemand etwas, und so dachten die Offiziere, es sei Feigheit, wenn Männer schreiend zusammenbrachen. Sie stellten sie vor ein Erschießungskommando und erschossen sie. Um ein Exempel zu statuieren.«

Großvater lehnte sich wieder zurück.

»In diesem Gedicht *Dulce et Decorum Est*, das du übrigens unbedingt lesen musst, spricht Owen davon, wie er jemandem beim Sterben zugeschaut hat, und er sagt: ›In all meinen Träumen, vor meinen hilflosen Augen, fällt er auf mich zu, erlöschend, würgend, ertrinkend.‹ *In all meinen Träumen, vor meinen hilflosen Augen.* Das ist es. Genau das ist es, Rob. Ich habe versucht, ein normales Leben zu führen, als ich nach Sydney zurückgekehrt bin, aber es ging nicht. Denn wann immer ich schlief, sah ich wieder und wieder dieselben Szenen. Vor meinen hilflosen Augen.«

Ich legte ihm den Arm um die Schultern, doch ich glaube nicht, dass er es gemerkt hat.

»Bella hat versucht, mir zu helfen, doch sie konnte es nicht. Ich wachte schreiend und schweißgebadet auf, und sie hielt mich stundenlang im Arm, bis ich mich wieder beruhigt hatte. Vielleicht hätte sie damit noch umgehen können, doch die Geister kamen auch, während ich wach war.«

»Geister?«, hakte ich nach.

»Die Geister derjenigen, die ich getötet hatte. Die Geister von Freunden, die gestorben sind, nicht nur in Long Tan, sondern in anderen Schlachten. Sie sind mit mir eingezogen. Ich sehe sie immer noch, Rob. Gott steh mir bei, ich sehe sie immer noch von Zeit zu Zeit.« Er fuhr sich über die Stirn und seine Hand war danach mit einem Schweißfilm überzogen. »Sie versetzen mich nicht mehr in Panik. Im Gegenteil, ihre Gesellschaft ist beruhigender als alles andere. Aber deine Großmutter ... Sie hat es ertragen, so lang sie konnte, viel länger als ich es hätte erwarten können. Aber die Geister haben sie vertrieben. *Ich* habe sie vertrieben. Anders hätte sie nicht überleben können.«

Eine leichte Brise kam über den See und mich fröstelte.

»Deine Großmutter hat mich nicht im Stich gelassen,

Rob. Sie hat auch deinen Vater oder dich nicht im Stich gelassen. Das darfst du nie denken.«

»Warum hast du es mir dann nicht eher gesagt, Großvater?«

Er seufzte.

»Weil manche Geschichten einfach zu traurig sind, Rob. Und zu schmerzhaft. Aber soll ich dir etwas sagen? Ich fühle mich besser, jetzt, nachdem ich es dir gesagt habe. Ganz gewiss.«

Ich zog ihn an mich und ein paar Minuten saßen wir schweigend da.

»Oh Gott, es tut mir leid, Rob«, sagte Großvater irgendwann.

»Was tut dir leid?«

»Das. Ich wollte nicht, dass es so passiert, aber ich kann's nicht aufhalten. Verzeih mir bitte.«

»Ich habe keine Ahnung, wovon du sprichst, Pop.«

Großvater stieß einen langgezogenen Seufzer aus. Sein Kopf lag an meiner Schulter. Ich wartete darauf, dass er wieder Luft holte, doch er tat es nicht.

62 Ich verlor für ein paar Tage den Verstand. Zwischen Großvaters Tod und der Beerdigung – und ich bin mir nicht sicher, wie viel Zeit dazwischen verging – verlor ich den Verstand.

Wie kann ich es erklären? Worte sind so klobig und treffen die Wirklichkeit, die sie wiedergeben sollen, bei Weitem nicht. Lange Zeitlücken. Ich starre aus dem Fenster, Mum redet mit mir, aber ich habe hinterher keine Ahnung, was sie gesagt hat. Es interessierte mich nicht, was sie sagte. Einmal merkte ich, dass ich Mum und Dad anschrie, aber ich kann mich nicht mehr erinnern, warum. Ich glaube, ich wusste es nicht einmal zu der Zeit, erinnere mich jedoch an die Worte.

»Ihr versteht das nicht. Warum könnt ihr es verknorkt noch mal nicht verstehen? Ich sagte zu ihm: *Schwöre es bei deinem Leben.* Und er antwortete: *Ich will tot umfallen, wenn es nicht so war.* Kapiert ihr nicht? Ich hab's herausgefordert. Ich. Es ist meine Schuld. Warum versteht ihr das nicht?«

Mum hatte meine Beziehung zu Großvater manchmal ungesund genannt, aber ich weiß, dass sie es nicht bös gemeint hat. Sie meinte nur, dass ein Dreizehnjähriger normalerweise eine gesellschaftlich akzeptierte Zeitspanne mit einem Großvater verbringt, der Großvater aber kein *Freund* ist, niemand, den ein Jugendlicher sich aussuchen und mit dem er über persönliche Dinge reden würde. Zeit mit Jugendlichen in meinem Alter zu verbringen, wäre normal gewesen, nicht aber, in einem Altenheim herumzuhängen. Das ist einfach krank.

Ich ging zwei Wochen nicht zur Schule. Ich wäre wahrscheinlich ohnehin vom Unterricht ausgeschlossen worden, aber ich ging nicht hin, und so spielte es keine Rolle. Dazu musst du wissen, dass Daniel Smith mich einen oder zwei Tage nach Großvaters Tod gesehen hat. Ich habe keine Ahnung, weshalb ich auf der Straße war. Vielleicht bestanden Mum und Dad darauf, dass ich sie irgendwohin begleitete. Ich kann mich auch nicht mehr erinnern, was Daniel gesagt hat, aber ich kann es mir denken. Ganz ehrlich, es ist nicht schwer vorherzusagen, was aus Daniels Mund kommt.

In diesem Fall war es ein Zahn. Weil ich ihm eine reingedonnert habe.

Ich bin nicht stolz darauf. Später ging ich zu ihm

nach Hause und habe mich entschuldigt. Er hat mich nie mehr blöd angemacht, aber ich weiß nicht, ob es daran lag, dass ich ihm eine reingedonnert habe oder weil ich mich entschuldigte. Vielleicht spielt es keine Rolle. Vielleicht doch. Ich werde darüber nachdenken, aber nicht jetzt.

Andrew war ein guter Freund. Ich weiß das, weil er mich weitgehend allein ließ mit meinen Gefühlen. Er kam nach der Schule vorbei und erzählte mir, was tagsüber so passiert war. Er bestellte mir Grüße von Destry, und ich nickte und dankte ihm und bat ihn, ihr auszurichten, dass mir ihr Mitgefühl guttue. Und das tat es. Aber jetzt kommt etwas Merkwürdiges. Oder vielleicht ist es gar nicht so merkwürdig. All die Liebe, die ich für sie empfand, die Schmetterlinge im Bauch, das Gefühl, mein Blut beginne zu kochen, wenn ich nur ihren Namen hörte – das alles war nicht ganz und gar verschwunden, aber irgendwie schien es nicht mehr wichtig zu sein. Destry war eine Fremde. Vielleicht würde sich das in Zukunft ändern. Vielleicht konnten wir Freunde werden. Ich hoffte es, da sie wirklich nett zu sein schien.

Aber wenn ich ehrlich bin, spielte in dieser Zeit kaum etwas eine Rolle.

Mum und Dad haben mich, glaube ich, nach Kräften unterstützt. Ich war bestimmt kein Kind, mit dem in dieser Zeit leicht umzugehen war. Und natürlich hatte mein Dad auch seinen Dad verloren. Mum hatte ihren Schwiegervater verloren. Sie schimpfte oft mit Großvater, aber ich weiß, dass sie ihn liebte. Doch ich dachte nicht groß über ihre Gefühle nach. Ich war zu gefangen in meinem eigenen Schmerz, um den anderer Menschen an mich heranzulassen.

In all meinen Träumen, vor meinen hilflosen Augen.

Doch die Zeit verging. Ich aß, ich schlief (wenn die Albträume es zuließen) und ich las. Die Zeit verging. Dann kam der Tag der Beerdigung.

63 Ich trug zum ersten Mal einen Anzug. Mum und Dad waren mit mir in ein Geschäft in der Stadtmitte gegangen, nicht allzu weit von der Stelle, an der Andrew und ich uns ans Geländer gekettet hatten. Schon damals kam es mir vor, als sei das einer anderen Person zu einer anderen Zeit passiert.

Ein Verkäufer nahm meine Maße und versprach Mum und Dad, dass er die notwendigen Änderungen rechtzeitig fertig haben würde. Die Auswahl an Anzügen, die einem Dreizehnjährigen passten, war nicht besonders groß, und die Zeit reichte nicht mehr, um einen maßschneidern zu lassen, doch er konnte sich vorstellen, wie er separate Elemente – Hose und Jackett – passend machen konnte.

Er hielt sein Wort. Am Tag vor der Beerdigung ging ich in den Laden und der Anzug passte wunderbar. Der Mann hatte auch eine passende Weste in der richtigen

Größe gefunden. Ich zog ein leuchtend weißes Hemd an, er knotete mir eine rote Krawatte um den Hals und führte mich zu einem Spiegel, in dem ich mich von oben bis unten sehen konnte.

Es war verblüffend. Ich betrachtete mich, und es war, als betrachtete ich einen Fremden. Ich glaube, es war das erste Mal seit Großvaters Tod, dass ich lächelte. Ich schaute mich sehr genau an und wusste, er wäre stolz auf mich gewesen.

Am Morgen der Beerdigung fragte mich Mum, ob ich während der Trauerfeier ein paar Worte sagen wollte. Die Frage kam unvermutet und mein Herz hämmerte.

Wollte ich ein paar Worte sagen? Natürlich wollte ich. Und was noch besser war: Ich wusste, dass ich auch ein paar Worte sagen *konnte*. Noch vor ein paar Monaten wäre das unmöglich gewesen. Doch ich hatte meine Panikattacken, zumindest für den Moment, unter Kontrolle und fühlte mich stark und selbstbewusst. Dieses Selbstbewusstsein hatte ich durch die ganzen Herausforderungen erlangt. Dennoch schüttelte ich den Kopf.

»Ich glaube nicht, Mum.«

»Bist du sicher, Rob?« Sie fuhr mir mit der Hand durchs Haar. »Du könntest es hinterher bereuen.«

»Ja, möglich. Aber ich glaube, ich höre mir einfach an, was die anderen zu sagen haben.«

»Bist du ganz sicher?«

»Das ist nicht die richtige Zeit für mich.« Ich wusste nicht, woher ich das wusste. »Wenn es so weit ist, werde ich sagen, was ich zu sagen habe.«

Ich war überwältigt, wie viele Menschen zur Beerdigung kamen. Ich weiß nicht, was ich erwartet hatte. Wahrscheinlich war ich davon ausgegangen, dass nur meine Familie kommen würde und vielleicht ein oder zwei Leute aus dem Altenheim.

Der Raum war gesteckt voll.

Mum, Dad und ich standen am Eingang zum Krematorium und begrüßten die Trauergäste. Andrew war natürlich da. Auch Miss Cunningham kam, was mich überraschte. Ich dachte, die Rektorin hätte Großvater gehasst, doch anscheinend war dem nicht so. Sie sagte mir, sie wollte einem Mann die letzte Ehre erweisen, dem meine Erziehung so sehr am Herzen lag.

Viele Heimbewohner erschienen, sowie zehn oder zwölf der Angestellten. Das Heim hatte zwei Busse organisiert. Ich erkannte fast alle Heimbewohner wieder. Es freute mich zu sehen, dass Jim nicht mitgekommen war. Ich weiß nicht, wie ich damit umgegangen wäre, dass jemand, der keine Ahnung hatte, was für ein Wochentag es war, hergekarrt worden wäre. Auch Großvater hätte das nicht gewollt. Agnes nahm mich fest in den Arm und schüttelte Mum und Dad die Hand. Eine ganze Prozession alter Leute kam daher, und alle umarmten mich, als sei ich ein lang verschollener Freund. Wie merkwürdig war das denn?

Es waren auch sechs Männer dabei, die ich nicht kannte. Sie waren alle ungefähr in Großvaters Alter und zwei davon trugen Medaillen am Jackett. Beim Eintreten schüttelte mir jeder die Hand und verbeugte sich. Vietnamveteranen. Männer, die Pop seit über fünfzig Jahren kannten, die wussten, was er durchgemacht hatte, weil sie mit dabei waren. Ob sie ihre eigenen Geister hatten? Wahrscheinlich.

Als alle einen Platz gefunden hatten, begann die Trauerfeier.

Sie dauerte nicht lang, da Pop genau festgelegt hatte, was er wollte. Oder besser: Was er *nicht* wollte. Gott war zum Beispiel nicht willkommen, da Pop kein Freund von Religion war. Kein Priester oder Vikar, da er nicht wollte, dass jemand, den er nie getroffen hatte, darüber redete, was für ein wundervoller Mensch er war. Stattdessen standen einige Leute, die er gekannt hatte, vorn neben dem Sarg und sprachen.

Dad hielt eine berührende Rede. Er machte ein paar Scherze und über einige lachte ich sogar. Zwei Mitarbeiterinnen des Altenheims standen auf und sagten etwas. Eine wischte eine Träne ab, doch es wurde nicht viel geweint. Dafür gab es Geschichten. Agnes erhob sich, musste sich jedoch auf ein Geländer stützen. Ob sie wusste, dass Großvater gewettet hatte, sie würde vor ihm sterben? So wie ich Großvater kannte, hatte er es ihr wahrscheinlich gesagt. Agnes überraschte mich, als sie erzählte, Pop sei der einfühlsamste und liebenswürdigste Mensch gewesen, dem sie je begegnet war. »Er versuchte es zu verbergen. Er gab vor, ein dickes Fell zu haben und die meisten Menschen in seiner Umgebung zu verachten. Vielleicht hat er einige getäuscht, aber mich hat er nicht getäuscht. Pat Fitzgerald war ein Weichei und dafür habe ich ihn geliebt.«

Sie blickte sich im Krematorium um.

»Ich sage euch jetzt was: An einem solchen Ort hätte er nicht tot gesehen werden wollen.« Ich konnte nicht anders, ich musste laut lachen, auch wenn es nicht der originellste Scherz war. Ein paar andere Leute lachten mit. »Er hat mir gesagt, er wolle in einem großen Fass am Ufer unseres Sees verbrannt werden«, fuhr sie fort. »›Legt einen Grillrost obendrauf, begießt mich mit Petroleum und bratet ein paar Würste‹, sagte er. Ich wies ihn darauf hin, dass selbst im Palast der alten Fürze kaum jemand bereit sei, ein Sandwich mit einer geräucherten Wurst zu essen, an der sein Geruch haftete. ›In diesem Haus‹, sagte er, ›wäre es ein gesteigertes kulinarisches Erlebnis.‹«

Unsere Blicke trafen sich.

»Ich weiß, dass er das auch Rob gesagt hat«, erklärte sie. Ich grinste und reckte den Daumen in die Höhe.

»Rob, den er mehr geliebt hat als das Leben. Und Rob, der ihn geliebt hat. Ein merkwürdiges Paar, aber eines, das mein Leben zum Ende hin heller machte. Deshalb danke ich dir, Pat Fitzgerald, und dir, Rob Fitzgerald, dass ihr Freude in mein Leben gebracht habt. Und gegenseitig in eures.«

Ich habe auch da nicht geweint, war aber kurz davor. Großvater behauptete immer, ich würde selbst um eine kranke Fliege weinen und sei das größte Weichei im gesamten Kosmos. Aber bis jetzt war ich stark geblieben.

Das änderte sich, als einer der alten Männer aufstand, ein Horn zum Vorschein brachte und »The Last Post« spielte, während Großvaters Sarg über ein Förderband durch eine zweiteilige Schiebetür glitt.

Ich war nicht der Einzige, den es völlig zerbröselte.

Es ist, wie mir gesagt wurde, ein unumstößliches Gesetz, dass die Leute nach einer Beerdigung nicht einfach nach Hause gehen können. Sie müssen sich im Haus von irgendjemandem treffen, Schinkenbrote essen und sich leise unterhalten.

Die Leute kamen zu uns nach Hause, aßen Schinkenbrote und plauderten eine Weile leise miteinander.

Die Vietnamveteranen kamen allerdings nicht mit. Sie verschwanden, als die Trauerfeier zu Ende war. Ich vermute mal, wenn du durchgemacht hast, was sie durchgemacht haben, kannst du Schinkenbroten den Stinkefinger zeigen, wenn du willst.

Leute kamen zu mir und sprachen mir ihr Beileid aus. Ich dankte ihnen, und wir waren alle sehr, sehr höflich in unseren Anzügen und in den Grüppchen, in denen wir leise murmelnd zusammenstanden.

Als mein Handy summte, vermutete ich, es sei Andrew. Er war nach den offiziellen Feierlichkeiten nach Hause gegangen, was ich ihm nicht verdenken konnte. Doch es war nicht Andrew.

Ich habe eine letzte Herausforderung für dich, Rob, las ich. Wir treffen uns in eurem Garten hinter dem Haus. Jetzt. Ich nenne sie dir persönlich. Es wird Zeit, dass wir uns begegnen, meinst du nicht auch?

64 Ich lockerte den Knoten meiner Krawatte und öffnete den obersten Hemd-
knopf. Es war nicht heiß, aber ich war
schweißgebadet.

Ich habe viel gelesen, und so war mir der Begriff *sich
bewegen wie im Traum* vertraut, doch jetzt hatte ich es
zum ersten Mal selbst getan. Das Dröhnen in meinen
Ohren ließ mich alle anderen Geräusche nur noch als
entferntes Summen wahrnehmen. Ich war mir intensiv
bewusst, *in* meinem Körper zu sein und durch meine
Augen unter den gebogenen Brauen hinauszuschauen.
Dennoch war ich überrascht, als ich den Blick zum
Griff unserer Hintertür senkte und sah, dass meine
eigene rechte Hand sich danach ausstreckte, um ihn zu
drehen.

Ich hatte so viel Zeit damit zugebracht, mich davon
zu überzeugen, dass Großvater die SMS geschickt
hatte, dass ich selbst jetzt nicht glauben konnte, dass er

es nicht war. Was würde ich tun, wenn ich die Tür öffnete und Pop auf dem Rasen unter der Wäschespinne stehen sah? Schreien? Zu ihm laufen und ihn in die Arme schließen? Ein Schweißtropfen lief mir ins Auge und das Brennen brachte mich zu mir selbst zurück. Ich drehte den Knauf und stieß die Tür auf.

Mitten auf dem Rasen stand Agnes. Sie lächelte, wenn auch seltsam angespannt. Und sie hielt ein Handy in die Höhe.

Ich lächelte nicht, aber ich ging hinüber und blieb vor ihr stehen. Der Himmel hatte sich verdüstert, dicke Wolken drohten mit Regen und der Garten wirkte dunkel und schwermütig.

»Ich muss etwas erklären«, begann Agnes.

»Ja«, erwiderte ich.

»Es könnte einige Zeit dauern. Möchtest du reingehen und dich setzen?«

»Nein.«

»Du bist außer dir.«

»Glaubst du?«

»Ich bin mir nicht sicher, wie ich dir alles erklären soll, und du musst dich vielleicht nicht setzen, weil du jung bist, aber ich muss es tun, weil ich alt bin.« Sie wies auf eine Bank mit Wasserflecken neben einem vertrockneten Blumenbeet. Ich hatte vergessen, dass sie da stand. »Bitte, Rob?«

Ich habe keine Ahnung, wie alt Agnes ist. Alt. Großvateralt. Ich konnte sie nicht stehen lassen. Aber es behagte mir nicht. In mir war ein fester, feindseliger Knoten, und ich wusste nicht einmal, weshalb. Deshalb zuckte ich mit den Schultern und ging steifbeinig zur Bank. Sie folgte mir, doch ich ermunterte sie nicht, indem ich sie beobachtete oder so tat, als fühlte ich mit ihr. Ich schwor mir, dass ich nichts sagen würde. Mein Schweigen wäre ihre verdiente Strafe.

Agnes stellte ihre Handtasche auf die Erde und schwieg eine Weile. Ich glaube, sie musste erst wieder zu Atem kommen.

»Ich kann die Stunden nicht zählen, in denen dein Großvater und ich über dich gesprochen haben, Rob«, begann sie schließlich. Ich schaute auf das Gras zu meinen Füßen. Sie seufzte. »Das ist so schwer«, sagte sie mehr zu sich selbst als zu mir. »Wenn du alt wirst, passiert etwas Seltsames mit deiner Welt. Selbst wenn du früher an exotischen Orten warst, wunderbare Erfahrungen gemacht, in Kriegen gekämpft und Menschen getroffen hast, die du nie vergessen wirst – kurz und gut, wenn du ein wundervolles, abwechslungsreiches Leben gelebt hast, bleibt dir am Ende nur noch wenig. Für einige Leute ist es ihr Zuhause oder, wenn sie Glück haben, ihr Partner. Manchmal die Erinnerung an eine vergangene Liebe, jemand, der hell leuchtete, aber allzu schnell erlosch.« Sie fuhr sich über die Augen, als hätten ihre eigenen Worte einen Nerv getroffen. »In Pats

Fall bist von seiner Welt nur noch du geblieben, Rob. Ich bin mir nicht sicher, ob du das wissen musst. Vielleicht nicht. Aber du warst seine Mitte, seine Sonne, und er ist um dich gekreist. Er hat in deiner Wärme gebadet.«

Ich spürte Tränen prickeln, doch ich durfte sie nicht fließen lassen. Also schloss ich die Augen und biss mir auf die Lippe.

»Dein Großvater hatte die Idee, dich vor diese Herausforderungen zu stellen«, fuhr sie fort. »Das ist sehr wichtig, vielleicht nicht für dich – ich weiß es nicht –, aber für mich. Du musst verstehen, dass ich bei der ganzen Sache lediglich der Finger auf dem Telefon war.« Sie lachte. »Technik war für Pat ein rotes Tuch, das weißt du. Nur weil dein Großvater es nicht konnte, habe ich dir die SMS geschickt. Ich habe angeboten, ihm zu zeigen, wie es geht, doch er wollte nicht. Als er mich gebeten hat, es zu tun, habe ich Ja gesagt. Aber nur weil es so ungeheuer wichtig für ihn war.«

»Warum hat er dich gefragt?«, wollte ich wissen. »Warum hat er nicht einfach mit mir gesprochen? Was hast *du* mit all dem zu tun, Agnes?« Mein Entschluss, nichts zu sagen, hatte nicht lang gehalten.

Sie zog scharf die Luft ein, doch es kümmerte mich nicht. Dieser feindselige Knoten hatte sich noch nicht gelöst.

»Eine gute Frage«, antwortete sie. »Und möglicherweise gefällt dir die Antwort nicht, Rob, aber ich gebe sie dir trotzdem. Ich habe deinen Großvater geliebt und er hat mich geliebt. Eine Zeitlang haben wir sogar über Heirat gesprochen, doch am Ende war es für keinen von uns wirklich wichtig. Er hat mir stundenlang von dir erzählt. Ich weiß wahrscheinlich mehr über dich als über meine eigene Tochter und ganz bestimmt mehr als über *mein* Enkelkind. Warum? Weil er dich geliebt hat und über dich reden wollte. Warum habe ich zugehört? Weil er mich geliebt hat, weil ich ihn liebte und weil alles, was ihm wichtig war, auch mir wichtig war.«

Musste ich jetzt darüber nachdenken? Ich schüttelte den Kopf.

»Dein Großvater hat sich immer Sorgen um dich gemacht. Wegen der Panikattacken und deiner Schüchternheit. Allem voran das Problem mit deiner Identität. Er hat gesehen, wie dein Selbstvertrauen während der letzten beiden Monate gewachsen ist. Er war *glücklich* darüber, Rob. Wahrscheinlich hast du nicht viel davon gemerkt – Pat Fitzgerald hat nie viel von seinen Gefühlen preisgegeben –, aber er hielt es für … ein Wunder. Die Herausforderungen waren sein Mittel, dich auf dem Weg in Richtung Selbstachtung zu halten. Er hat fest daran geglaubt, dass du zum Glück bestimmt bist, und wollte dich darauf hinführen. Du denkst wahrscheinlich, ich hätte mich eingemischt, und ich könnte es dir nicht verübeln. Vielleicht glaubst du, dein Großvater hat sich eingemischt, aber du darfst nicht vergessen, dass er nur dein Glück wollte. Ich kann nicht erwarten, dass du mir verzeihst, aber er hat es verdient.«

»Das Problem mit meiner Identität«, sagte ich. Es fiel mir schwer, die Worte auszusprechen. »Er hat auch darüber mit dir gesprochen?«

Agnes blickte hinunter auf eine Stelle zwischen ihren Füßen. Es wuchs dort kein Gras mehr und die Erde war so hart wie die Wahrheit.

»Ich hab's dir gesagt, wir haben über *alles* geredet.«

»Ich habe kein Problem mit meiner Identität. Das haben andere Leute.«

Agnes hob ergeben beide Hände. »Ich glaube dir, Rob. Und ich weiß, es spielt keine Rolle, ob ich dir glaube oder nicht, weil es mich nichts angeht. Aber dein Großvater ... Nun ja, er hatte seine Schwierigkeiten mit ... der Situation. Du weißt, dass es so war.«

»Egal«, entgegnete ich. »Lassen wir das. Denn du hast recht, Agnes, es geht dich wirklich nichts an.« Ich hob mein Handy in die Höhe. »Aber reden wir darüber, ja? Dramatisch? Hey, das muss ich euch lassen. Machen wir Rob ein bisschen Angst. Spielen wir mit Botschaften aus dem Grab, ist es das? Eine letzte Herausforderung? Aber eigentlich ist es nur Grausamkeit. Das weißt du, oder?«

Sie rieb sich die Augen. Ich schaute sie zum ersten

Mal direkt an und sah die Tränenspuren auf ihren Wangen. Ich hatte sie nicht weinen hören. Plötzlich fühlte ich mich müde. Müde und schuldig. Keine gute Kombination.

»Dein Großvater wollte dich vor eine letzte Herausforderung stellen«, sagte sie. »Nicht ich, Rob. Dein Großvater. Ich bin lediglich die Überbringerin, deshalb mach mich nicht dafür verantwortlich.«

»Und was soll ich tun?«

»Du weißt es.« Agnes erhob sich. »Du *weißt* es, Rob. Ihr habt darüber gesprochen, ihr zwei, und ich weiß, dass es ihm schwergefallen ist, dass es schwierig für ihn war, das Ganze zu verstehen. Dein Großvater stammt aus einer Generation, die jedes Zurschaustellen von Gefühlen als Schwäche empfand, besonders wenn du ein Mann warst.« Sie schwieg kurz. »Aber er hat mit dir darüber gesprochen, weil er dich geliebt hat.«

Sie hob ihre Handtasche auf und hängte sie sich über die Schulter.

»Je älter ich werde, desto weniger verstehe ich«, meinte sie. »Aber das ist die letzte Botschaft, die ich weitergeben muss, und ganz ehrlich, ich will es hinter mich bringen. Du kannst sie ignorieren, wenn du willst oder es tun musst. Pat hätte nie gewollt, dass du etwas tust, das dir ganz und gar widerstrebt.«

»Sag es mir.«

»Versteck dich nicht länger. Sei stolz auf dich, so wie

du bist.‹ Das war's. Die letzte Herausforderung.« Sie streckte mir die Hand hin. »Ich habe dem nichts hinzuzufügen, Rob. Ich hoffe, du verzeihst mir, aber ich gehe jetzt nach Hause und weine mich in den Schlaf.« Sie lächelte, als wollte sie mir zeigen, dass sie scherzte. Ich blickte auf ihre Hand, ergriff sie aber nicht. Wir hatten ihn beide geliebt und dieses Band ließ sich nicht einfach durchtrennen.

Ich umarmte Agnes und wir weinten beide.

65 Während der folgenden Wochen ließ ich mir die Unterhaltung in unserem Garten immer wieder durch den Kopf gehen. Ich ging immer noch dreimal pro Woche zum Palast der alten Fürze, hauptsächlich, um Trixie auszuführen. Natürlich habe ich auch mit Agnes gesprochen, obwohl sie kein Wort mehr über die Herausforderung verlor. Manchmal saßen wir auf der Bank vor dem tröpfelnden Springbrunnen, auf der Großvater und ich immer saßen (soviel ich weiß, wurde er nie repariert), und schwelgten in Erinnerungen an Pop. Manchmal weinte ich, aber meist lachte ich.

Der Dezember kam und mit ihm das Ende des Schuljahrs. Am letzten Schultag gibt es ein Ritual, das so unumstößlich ist wie unsere jährliche Klatsche beim Fußball durch St. Martin. Es ist die weihnachtliche Preisverleihung vor der gesamten Schule, einschließlich Eltern und versammelter Prominenz. Der lokale Abgeordnete kommt, hält eine Rede und sponsert einige Preise. Es ist eine ganz große Sache. Und ich weiß, es klingt ungefähr so vergnüglich, wie wenn einem mit rostigen Beißzangen und ohne Betäubung die Schneidezähne gezogen werden, aber ob du es glaubst oder nicht, es macht immer eine Menge Spaß.

Es gibt drei Preise für jede Jahrgangsstufe, und man tut so, als sei es eine Oscarverleihung. Ich weiß, wie öde sich das anhört, aber so ist es nicht. Die Veranstaltung wird von den beiden Schulsprechern moderiert (frisch gewählte Elftklässler, ein Junge und ein Mädchen, da die Zwölfer vor dem offiziellen Ende des Schuljahrs entlassen werden), und sie kommen fantastisch herausgeputzt in Smoking und Abendkleid daher (normalerweise trägt der Junge den Smoking – normalerweise). Nach ein paar musikalischen Darbietungen des Schulorchesters und einer hiesigen Rockband (den Gewinnern von Milltown's Got Talent), begleitet von Tanzgruppen, kommt es zur Preisverleihung. Die Moderatoren nennen den Preis, und dann wird ein Videoclip von der gesamten Jahrgangsstufe gezeigt, wie sie herumkaspern oder Sport treiben. Oft beides gleichzeitig. Die Moderatoren machen ein paar Scherze, und dann ziehen sie einen goldenen Umschlag hervor, er wird unter Fanfarenklängen geöffnet und der Name des Gewinners verkündet.

Die Gewinner wissen Bescheid. Die Schule sagt es

ihnen etliche Wochen vor Schuljahresende. Sie tun es einerseits, damit die Schüler sich nicht in etwas hineinsteigern, hoffen, dass sie gewinnen und dann zu Tode betrübt sind. Andererseits, damit die Gewinner und ihre Familien auch tatsächlich erscheinen (die Lokalzeitung berichtet immer darüber, vorausgesetzt der Reporter kommt rechtzeitig aus dem Bett).

Die Gewinner tragen oftmals zu dick auf, wenn ihr Name verkündet wird. Sie stehen da, mit offenem Mund und in gespieltem Schock und stolpern zur Bühne, wobei sie irgendwelchen Leuten aus dem Publikum die Hand schütteln. Dann dürfen sie eine kurze Rede halten, meist etwas in der Richtung von »Ich möchte meinen Eltern danken, der Leiterin der Theater-AG und Miss Cunningham, dass sie mich das ganze Jahr über angeschrien hat«. Die Schüler aus der Theater-AG steigern sich richtig hinein, schluchzen wirklichkeitsgetreu und ahmen Schauspieler nach, die sich bei der richtigen Oscarverleihung zum Narren gemacht haben. Wegen der Schüler aus der Theater-AG hat die Schule vor ein paar Jahren die Redezeit beschränkt. Jetzt haben die Gewinner zwei Minuten, obwohl die meisten sich nur zu gern mit einem »Danke« begnügen und die Bühne wieder verlassen.

Man hatte mir bereits gesagt, dass ich zu den Gewinnern zähle. Ausgerechnet Sportler des Jahres!

Ich musste es einfach für ein Zeichen halten.

66 Ich saß neben meinen Eltern auf dem mir zugewiesenen Platz ungefähr in der zehnten Reihe. Das ist extra so, damit du, wenn dein Name aufgerufen wird, ein gutes Stück laufen musst und Gelegenheit hast, eine Show abzuziehen, falls du das willst.

Ich wollte es nicht.

Die anderen Gewinner waren im Publikum verteilt, und die Theater-AG (die für die Organisation des ganzen Abends verantwortlich zeichnete) wusste genau, wo wer saß. Wenn dein Name aufgerufen wurde, erfasste dich ein Scheinwerfer und verfolgte deine Schritte bis zur Treppe seitlich an der Bühne.

Ich sagte es schon, es war eine große Sache.

In jedem anderen Jahr hätte ich mich an diesem Tag krankgemeldet.

Die Rockband spielte vor dem Hintergrund des Milltown's Got Talent-Videos. Ich hatte keine Ahnung, dass jemand den Wettbewerb gefilmt hatte, aber wahrscheinlich hätte es mich nicht überraschen dürfen. Milltown hat nicht nur eine erfolgreiche Theater-AG, sondern auch eine erfolgreiche Film- und Video-AG. Trotzdem war es ein Schock, zwischen den anderen Darbietungen Auszüge aus meinem Macbeth-Auftritt zu sehen. Ein Schock, aber andererseits auch … ganz nett. Das Video lief natürlich ohne Ton, da die Band spielte, aber ich fand, dass ich mich ganz gut machte. Allerding hat mir die Theater-AG seit dem Wettbewerb nicht unbedingt meine metaphorische Tür eingerannt.

Die Band hörte auf zu spielen, die Zuhörer schüttelten den Kopf, um das Klingeln in den Ohren loszuwerden, und die Zeremonie begann.

Sie beginnt mit den jüngsten Schülern und arbeitet sich hinauf bis zur zwölften Klasse. Das ist passend und auch praktisch. Die Jüngeren sagen in der Regel wenig; unterhaltsam wird es normalerweise erst mit den Älteren und ihrem manchmal witzigen und manchmal nervigen Selbstvertrauen. Die siebte Klasse war schnell abgehandelt. Danach war meine Jahrgangsstufe dran.

Der erste Preis wurde verliehen für die beste schulische Leistung der Jahrgangsstufe acht. Die Moderatoren versuchten, ein großes Brimborium darum zu machen, aber allzu sehr strengten sie sich eigentlich nicht an. Offenbar interessieren wir am unteren Ende der Alterspyramide niemanden wirklich. Es gab eine kleine Rückschau von verschiedenen Szenen in Klassenzimmern – Schüler, die ins Mikroskop starren, sich melden, nachdem ein Lehrer etwas gefragt hat, die Regale in der Bücherei durchstöbern, über Bücher gebeugte Köpfe –, du weißt, was ich meine.

»Und der Gewinner ist …« Der Schulsprecher machte eine Show daraus, den Umschlag zu öffnen, während im Hintergrund ein Trommelwirbel abgespielt wurde. Endlich zog er eine Karte heraus. »Amit Singh!« Wilder Applaus ertönte und ein Scheinwerfer schwenkte zu den Reihen rechts von mir. Alle reckten den Hals, um etwas zu sehen. Ein sehr kleiner Junge stand auf und ging mit gesenktem Kopf zur Bühne. Allen war klar, dass er ein panisches »Danke« stammeln und dann wieder auf seinen Platz zurückhuschen würde, wo er in Sicherheit war. Die Schulsprecherin nahm einen Pokal vom Tisch hinter ihr. Amit stolperte auf den Stufen, fing sich aber rechtzeitig wieder. Er nahm den Pokal in Empfang, der fast so groß war wie er, und ging zum Rednerpult. Die Zuschauer konnten ihn dahinter kaum sehen und der Schulsprecher musste das Mikro zu seinem Mund hinunterbiegen.

»Danke«, murmelte Amit. Es war irgendwie gespenstisch, als schallte eine körperlose Stimme durch den Saal.

Er machte einen Schritt weg vom Pult, dann erinnerte er sich offenbar an etwas und ging noch einmal zurück. »Ich danke den Lehrerinnen und Lehrern von Milltown. Ich liebe euch alle.«

Der ganze Saal brüllte vor Lachen. Man spürte eine Welle der Sympathie auf Amit zurollen, als er die Stufen hinunter und zu seiner Familie zurückging. Ich beobachtete seine Eltern. Sie strahlten so viel Stolz aus, dass es mich fast blendete.

Der Nächste würde es schwer haben, aber es half nichts, ich war der Nächste.

»Der folgende Preis wird für herausragende sportliche Leistungen in der Jahrgangsstufe acht verliehen«, verkündete die Schulsprecherin. Offenbar wechselten sie sich ab. Mum drückte meine Hand, doch ich war ganz ruhig. Jetzt, da der Moment gekommen war, fand ich es okay. »Es gab in der Jahrgangsstufe acht dieses Jahr viele Beispiele für gute sportliche Leistungen«, fuhr sie fort, »und hier zeigen wir Ihnen einige davon.«

Das Licht auf der Bühne ging aus und der riesige Bildschirm hinter den Moderatoren leuchtete wieder auf. Basketballtraining, Geländelauf, halbherzige Rugby-Angriffe und zwischen alldem das Fußballspiel gegen St. Martin. Insbesondere ich, Rob Fitzgerald, wie ich einen Ball nach dem anderen hielt. Daran, dass Mum meine Hand fester drückte, merkte ich, wie beeindruckt, vielleicht sogar wie erschrocken sie war von dem, was sie sah. Was noch beeindruckender war, waren die Bravo- und Hochrufe für meine Darbietung.

Irgendwann war das Video zu Ende.

»Und der Gewinner ist …« Die Schulsprecherin riss den Umschlag auf und zog die Karte heraus. »Also, das ist jetzt eine Überraschung«, sagte sie. »Wer hätte das gedacht? Die Gewinnerin ist …« Sie zog die Pause so lang hin, dass es fast schon unerträglich wurde. Sie blickte ins Publikum und atmete tief durch.

»Roberta Catherine Fitzgerald«, sagte sie. »Aber wir kennen ihn besser als Rob Fitzgerald.«

Ich erhob mich und stand in einem Kegel aus gleißendem Licht.

67

Ich hatte meine Panikattacken so ziemlich unter Kontrolle, doch es hat etwas Merkwürdiges, im Scheinwerferlicht vor Hunderten von Fremden auf eine Bühne zu steigen. Ich versuchte mich zu konzentrieren. *Ein Schritt nach dem anderen*, sagte ich mir. Wortwörtlich. *Geh zur Treppe seitlich an der Bühne. Steig die Stufen hinauf und fall nicht herunter. Nimm den Pokal von der Schulsprecherin in Empfang. Lass ihn nicht fallen. Geh zum Rednerpult. Sprich. Alles ganz einfach.*

Aber es dauerte alles so lang ...

Dann wiederum ging alles ganz schnell. Plötzlich hielt ich den Pokal in den Händen und stellte mich ans Rednerpult. Was ich nicht erwartet hatte, war das Gewicht der Stille, als ich da stand. Alles wartete auf meine Worte. Ich öffnete den Mund, doch es kam nichts heraus. Ich versuchte es noch einmal.

»Danke«, sagte ich.

Dann ging ich von der Bühne ab. Ich war überglücklich, als ich wieder auf meinem Platz saß, ohne ein einziges Mal gestolpert zu sein.

Auf der Fahrt nach Hause lastete ebenfalls ein Gewicht des Schweigens. Ich wusste, dass Mum es nicht erwarten konnte, mir Fragen zu stellen, aber ich wusste auch, dass sie sie nicht vor Dad stellen wollte. Wie es sich herausstellte, fuhr Dad, kaum dass wir zu Hause waren, in den Pub, um mit seinen Kumpels Sport zu schauen.

»Was hältst du davon, wenn wir uns etwas zu essen kommen lassen?«, fragte Mum, nachdem das Motorengeräusch von Dads Wagen in der Nacht verklungen war.

»Wie wäre es mit Bohnen auf Toast?«, fragte ich zurück. Mum lächelte. Früher liebten wir es, vor dem Fernseher zu sitzen, einen Teller mit Bohnen auf Toast auf dem Schoß, und sämtliche Probleme der Welt zu lösen. Oder zumindest die Probleme der Serie, die wir uns gerade anschauten. Es war eine Art Ritual gewesen, als ich in der Grundschule war, und es fehlte mir.

»Es ist ein extrem kompliziertes Gericht«, erwiderte sie, »aber du wirst schließlich nicht jeden Tag zum Sportler der Jahrgangsstufe acht ernannt, Rob. Deshalb bin ich bereit, meinen kulinarischen Zauber zu wirken. Steck schon mal Brot in den Toaster, ja?«

Dieses Mal gab es keine Daily Soap. Wir saßen im

Wohnzimmer auf getrennten Sofas, der Bildschirm blieb schwarz, und aßen unsere Bohnen. Zu Mums Füßen stand ein Glas Weißwein, zu meinen lag Trixie. Sie sabberte und ließ meinen Teller nicht eine Sekunde aus den Augen. Ja, Mum und Dad hatten schließlich erlaubt, dass sie bei uns einziehen durfte. Laut Mum hatten sie abgewartet, ob ich auch nach Großvaters Tod noch mit ihr Gassi gehen würde. Nachdem sie überzeugt waren, dass die Liebesbeziehung längere Zeit halten würde, kauften sie ein Hundebett, eine Hundehütte und einen Vorrat ausgewogen zusammengestellter Hundekekse speziell für wildgewordene Wischmopps. Ich war glücklich. Ich gehe davon aus, dass Trixie auch glücklich war, aber es ist schwer zu sagen, da sie nur aufhört zu kläffen, wenn Essen in der Nähe ist.

»Du bekommst meine Bohnen nicht«, sagte ich zu ihr. »Das ist gebettelt und außerdem furzt du sonst die ganze Nacht.«

Trixie beeindruckte diese Argumentation nicht. Sie fixierte den Teller weiter, selbst als ein besonders langer und zäher Speichelfaden zu ihren Füßen eine Pfütze bildete.

»Ekelhaft«, sagte ich.

»Das war eine Überraschung heute Abend, Rob«, begann Mum. Ich wusste, dass diese Unterhaltung kommen würde, sobald Dad das Haus verlassen hatte. Verständlich. Ich hatte sie nicht vorgewarnt, hauptsächlich weil ich fürchtete, dass Dad dann nicht mitgekommen wäre, und das hätte mir das Herz gebrochen.

»Tut mir leid, Mum.«

»Du brauchst dich nicht zu entschuldigen. Ich finde, es war mutig, besonders weil du deinen Geburtsnamen so schrecklich findest.«

Ich schauderte. »Genau. Und ich hoffe wirklich, dass ich ihn heute zum letzten Mal gehört habe.«

»Du hattest das mit den Moderatoren abgesprochen, nehme ich an?« Ich nickte. »Das erleichtert mich. Mir kam in den Sinn, dass es ein schlimmer Schock für dich gewesen sein könnte.« Mum führte eine Gabel voll Bohnen zum Mund, eine rutschte herunter und kullerte in ihren Ausschnitt. »Verdammt. Ich hasse es, wenn das passiert.«

Ich lachte. Früher war es fast jedes Mal passiert und ich musste immer lachen. Ich ging etwas Küchenpapier holen, während Mum in ihrem Top nach dem Ausreißer suchte.

»Ich dachte nur ... ich weiß auch nicht. Ich dachte, du hättest nicht das Bedürfnis, das in die Welt hinauszuposaunen. Zumindest hast du das früher gesagt.« Sie fand die Bohne und hob sie triumphierend hoch, bevor sie sie auf ein Stück Küchenpapier legte. Ich trug sie zum Mülleimer und begrub sie angemessen, wenn auch ohne großes Trara.

Dann erzählte ich von Großvaters Herausforderungen per SMS, von der Rolle, die Agnes dabei spielte, (von ihrer Liebe zueinander sagte ich nichts. Diese Geschichte zu erzählen, stand mir nicht zu) und dass die Sache bei der Preisverleihung nicht in erster Linie geschah, weil ich das *Bedürfnis* dazu verspürte, sondern weil es die letzte Herausforderung war und für Groß-vater offenbar wichtig.

»Dann hast du es für ihn getan?«

»Ja. Zum Teil. Aber es war nicht einfach nur eine ... Geste. Diese Herausforderungen *haben* mir geholfen, Mum. Ich war so eine ängstliche kleine Maus.«

»Du bist immer noch eine Maus.«

»Stimmt, aber nicht mehr ganz so klein und nicht mehr ganz so ängstlich.«

»Offensichtlich. Dein Geburtsgeschlecht vor so vielen Leuten preiszugeben ... also, das erfordert Mumm.«

Ich schlug die Beine unter und drückte ein Kissen an meine Brust.

»Ich habe lang darüber nachgedacht. Ich weiß nicht, wie viele Kids in Milltown wussten, dass ich trans bin – jetzt wissen es natürlich alle –, aber einige wussten es offenbar nicht. Jedenfalls dachte ich, wenn ich es tue, ist es wichtig, meine Identität herauszustreichen. So wurde ich geboren, aber das bin ich jetzt.«

Mum trank einen Schluck Wein. »Dein Geburts-name, gefolgt von ›Aber wir kennen *ihn* besser als Rob‹. Hast du ihnen das aufgeschrieben?«

»Genau. Ich wollte absolute Klarheit, was meine Identität betrifft.«

Mum nahm noch einen Schluck Wein und lachte dann schallend. Leider kam dabei ein Schwall Wein aus ihrer Nase und ich musste mit noch mehr Küchenpapier anrücken. Selbst als sie sich wieder unter Kontrolle hatte, liefen ihr noch Lachtränen über die Wangen. Vielleicht war es auch Wein.

»Das ist so eklig«, sagte ich. »Ich dachte, Trixie sei eklig, aber du hast sie übertroffen.«

»Sorry.« Mum schnäuzte sich ausgiebig. »Mir kam gerade ein ganz schlimmer Gedanke.«

Ich wedelte aufmunternd mit der Hand.

»Dein Großvater hat sich zu gern eingemischt, und man sollte meinen, dass der Tod ihn ausgebremst hätte. Aber nein. Dieser blöde Kerl mischt sich auch aus dem Grab noch ein.«

Ich lächelte. Es stimmte.

Und es stimmte auch, dass es ihm gefallen hätte, Mum das sagen zu hören.

Ich lag schon im Bett, als die SMS um halb elf kam.

du hasts den theaterfuzzis gezeigt rob damu i
dir lassn

Ich konnte ohnehin nicht schlafen, deshalb knipste ich

meine Nachttischlampe an und dachte über meine Antwort nach.

Man tut, was man kann, Andrew. Hast du eine
Ahnung, wie die allgemeine Reaktion ist?

wtf plus mehr wtf

Du bist ein Wortschöpfer.

ich weis

Hast du schon mal was von Zeichensetzung
gehört?

nur gerüchteweise

Hassen mich jetzt alle?

haben sie vorher schon drum
keine veränderung wie gehts dir

Heißt das, du machst dir Gedanken über
meine Gefühle, Andrew?

würd i nie zugeben frag nur so

Mir geht es gut. Selbst wenn mich jetzt garantiert noch ein paar Kids mehr zusammenschla-
gen wollen.

dann isses ja gut dasi dein kumpel bin

Ja, aber nicht nur aus diesem Grund.

Verpiss dich freak

Gute Nacht.

Dad kam weit nach Mitternacht nach Hause. Dem
Lärm nach zu schließen, den er machte, als er den
Schlüssel ins Schlüsselloch steckte, hatte er ein bisschen zu viel getrunken. Als ich zum Fenster ging und
die Vorhänge zur Seite schob, war ich erleichtert zu
sehen, dass er nicht mit dem eigenen Wagen gekommen
war.

 Der einzige Vorteil, wenn man eine Bombe am Ende des Schuljahrs platzen lässt, ist, dass man sich den Folgen erst im *nächsten* Jahr stellen muss.

Ich freute mich über die fast sechswöchige Pause.

Weihnachten war schön, nachdem ich erst akzeptiert hatte, dass Großvater nicht nach dem Essen vor dem Fernseher sitzen, schnarchen und Winde abgehen lassen würde. Andrew war auch nicht da, weil seine Familie jedes Jahr Verwandte in Queensland besucht. Aber er schrieb mir oft Nachrichten, hauptsächlich, wie ich vermute, um mich mit seiner Rechtschreibung und Interpunktion zu ärgern. Ich habe den heimlichen Verdacht, dass er, wenn er anderen Leuten eine Nachricht schickt, völlig normal schreibt. Aber bei mir treibt er es immer schlimmer. Ich meine, *meri krissmuss*? Ich bitte dich, Andrew. Das ist schiere Verzweiflung.

Also blieben wir zu Hause. Nur am zweiten Weihnachtstag fuhren wir zum Palast der Alten Fürze, um ein paar Geschenke hinzubringen und eine große Schüssel Trifle, Mums Spezialität. Agnes nahm mich fest in den Arm und flüsterte mir ins Ohr: »Was glaubst du, Rob? Wer stirbt als Nächstes? Ich habe auf Alf da drüben gesetzt.«

Ich kann dir gar nicht sagen, wie mich das gefreut hat.

Meist nahm ich Trixie zu ausgedehnten Spaziergängen mit oder verbrachte Stunden in meinem Zimmer und schrieb. Wenn ich so darüber nachdachte, waren es beängstigende Aussichten, in die neunte Klasse zu kommen, weshalb ich es vermied, darüber nachzudenken. Zu schreiben half. Trixie auch.

Ich hatte den Park, in dem Destry mit ihrem Hund spazieren ging, gemieden, möglicherweise weil ich mir nicht sicher war, wie sie reagieren würde, wenn wir uns das nächste Mal begegneten. Dann fiel mir Pops letzte Herausforderung ein. *Versteck dich nicht länger. Sei stolz auf dich, so wie du bist.* Was hatte die ganze Preisverleihungsnummer für einen Sinn, wenn ich versuchte, den Leuten aus dem Weg zu gehen?

Also saß ich an einem Montagnachmittag gegen halb drei auf einer Bank im Park. Es war sehr heiß und das Wetter hatte sogar Trixie ein bisschen ruhiger werden lassen. Sie war neben mir hergegangen wie ein richtiger Hund und nicht wie etwas Verrücktes oder vielleicht sogar Dämonisches. Außerdem waren kaum Leute oder Hunde unterwegs, das half ebenfalls. Bei diesem Wetter war man versucht, zu Hause zu bleiben oder sich einen Ozean zum Schwimmen zu suchen. Ich möchte gern zu Protokoll geben, dass ich *nicht* zu der Zeit in den Park ging, zu der Destry normalerweise ihren Höllenhund Gassi führte.

Es spielte keine Rolle, denn ich hatte gerade mal zehn Minuten da gesessen, als sie um eine Ecke bog, angeleint an etwas, das im Notfall für Rudolph, das Rentier, hätte durchgehen können. Wenn man bereit war, das Fehlen der roten Nase zu ignorieren. Und das fehlende Geweih. Eine Minute später saß Destry neben mir. Auf ihrer anderen Seite saß der Hund wie ein Muskelberg. Trixie versuchte es mit einem stahlharten Blick und einem kleinen Kläffer, besann sich dann jedoch eines Besseren und legte sich schlafen.

»Fröhliche Weihnachten, Rob«, sagte Destry.

»Ebenso«, erwiderte ich. »Was hat dir der große dicke Kerl im roten Mantel gebracht?«

Ganz schön viel, wie es sich herausstellte. Wir tauschten Anekdoten zu Weihnachtsgeschenken aus, zu Weihnachtsessen und peinlichen Familientreffen. Trotz allem hatte ich das Gefühl, dass wir das eine Thema, das uns beschäftigte, vermieden. Zumindest das Thema, das *mich* beschäftigte.

»Das mit deinem Großvater tut mir leid«, sagte sie. Hatte ich wirklich seit Pops Tod nicht mehr mit ihr gesprochen? Anscheinend nicht. »Er war ja wohl ein echtes ... Original.«

»Original ist eine Möglichkeit, es auszudrücken«, erwiderte ich. »Einige Leute hätten es anders ausgedrückt.«

»Stimmt es, was er gesagt hat?«

»Was er wozu gesagt hat?«

»Dass du in mich verliebt warst?«

Oh. Guter alter Großvater. Wenig mehr als eine Tüte voll Asche, aber immer noch in der Lage, mich in Verlegenheit zu bringen, dachte ich. Etliche mögliche Antworten gingen mir durch den Kopf.

»Ja«, sagte ich.

»Und bist du *immer noch* in mich verliebt?«

Das war verzwickter. *Ich bin dreizehn und war das erste Mal verliebt,* dachte ich. *Ich kann es mit nichts vergleichen. Vielleicht fühlt es sich an wie Verliebtsein, ist aber in Wirklichkeit eine seltene Form von Verdauungsbeschwerden? Jedenfalls haben sich meine Gefühle geändert. Haben sie das? Oder ist nur so viel passiert, dass ich mich nicht mehr so intensiv mit ihr beschäftigen kann?* Verflixt. Ich hatte keine Ahnung.

»Vielleicht«, antwortete ich.

Eine oder zwei Minuten saßen wir schweigend da.

»Ich fand die Preisverleihung super«, meinte sie schließlich. »Du hast allen die Show gestohlen.«

»Danke.« Wieder entstand eine Pause. »Wusstest du vorher schon, dass ich trans bin?« Ich musste es fragen, obwohl ich keine Ahnung hatte, ob die Antwort für mich von Bedeutung sein würde.

»Ja. Es war kein streng gehütetes Geheimnis. Wenn es ein Kind in einer Schule weiß, wissen es alle. So ist es einfach.«

Ich nickte. Ich hätte selbst darauf kommen können, weil es so offensichtlich stimmt. Klatsch regiert den Schulalltag. Ich hob den Kopf, um genau das zu sagen, doch die Worte kamen nie an.

Destry hielt sie auf. Indem sie mich küsste.

 Es war ein langer Kuss, mein erster, und süß.

Als sie fertig war (meine aktive Rolle bei diesem Vorgang beschränkte sich darauf, die Augen zu schließen, den Mund offen zu halten und mein Gehirn am Überhitzen zu hindern), nahm Destry meine Hand. Allerdings fiel mir auf, dass sie Augenkontakt vermied. Ich schwieg, da ich keine Ahnung hatte, was ich sagen sollte.

»Ich möchte nicht, dass du einen falschen Eindruck bekommst, Rob«, sagte sie schließlich.

Ich gebe zu, dass mein Gehirn nicht im allerbesten Funktionsmodus war, denn ich hatte Schwierigkeiten, das zu verarbeiten. Sie hatte mich gerade geküsst. Welchen falschen Eindruck konnte man da bekommen?

»Ich habe einen Freund«, fuhr sie fort, »und bin glücklich mit ihm.« Mir kam der Gedanke, dass sie, wenn sie so glücklich wäre, keinen anderen Jungen küssen würde, aber wer bin ich, dass ich mir Urteile über Romantik erlauben kann? Ich bin kein Experte, das steht fest. Also hielt ich den Mund.

»Aber ich wollte das schon lang tun.«

»Okay«, erwiderte ich. Was hätte ich sonst sagen sollen?

Sie erhob sich und ihr Hund tat dasselbe. Ich erhob mich ebenfalls. Nenn mich ruhig altmodisch. Trixie schnarchte.

»Hey«, rief Destry, als sei ihr gerade etwas Lustiges eingefallen. »Wenn ich deine Freundin gewesen wäre, hätte dich das dann lesbisch gemacht?«

Ich hatte mich praktisch von einem Augenblick zum anderen in Destry Camberwick verliebt. Ich erinnerte mich lebhaft, wie sie in meine Klasse gekommen war. Die Welt hatte aufgehört, sich zu drehen, und ihre Schönheit hatte mich getroffen wie ein Schlag in die Magengrube. Es war keine seltene Form von Verdauungsbeschwerden. Es war Liebe oder zumindest eine Variante davon. Ich hatte nicht gewusst, dass es möglich war, sich auch von einem Augenblick zum nächsten zu *ent*lieben. Jetzt wusste ich es. Dieser Kuss war süß und unerwartet und wunderbar gewesen. Jetzt hatte er … einen Beigeschmack.

»Wir haben uns geküsst«, sagte ich. »Das macht mich hetero. Wozu macht es dich, Destry, was glaubst du?«

Ich sah die Verletztheit in ihrem Blick und wusste,

wir würden mit ziemlicher Sicherheit nie wieder miteinander reden. Als sie den Park verließ, konnte ich beim besten Willen kein Bedauern in mir feststellen.

Ich ging nach Hause und sagte Mum, dass ich im nächsten Juli mit der Fußballmannschaft der U16 nach Brisbane gehen würde.

»Super. Aber was ist mit Panikattacken, öffentlichen Toiletten und Problemen in Umkleidekabinen?«

»Keine Ahnung«, gab ich zu. »Wenn sie mich wirklich in der Mannschaft haben wollen, werden sie das wohl für mich regeln müssen.«

70

»Du hast mich zu einer Figur in deinem Buch gemacht«, sagte Mrs Pritchett. »Das ist so lieb von dir, Rob.«

Mein monatlicher Termin, fünfundzwanzig Minuten mit dem Bus von unserem Haus aus. Es herrschte sommerliche Hitze, und im Bus war es stickig, die Fahrgäste waren still und mürrisch. Keine Ahnung, woher ich wusste, wie die Stimmung war, wenn niemand etwas sagte. Ich wusste es einfach. Ich war selbst ein bisschen mürrisch. Die Wettervorhersage für die nächsten Tage lag bei vierzig bis fünfundvierzig Grad. Himmel, hilf. Von der Bushaltestelle zu Mrs Pritchetts Büro sind es noch einmal zehn Minuten zu Fuß, sodass ich gereizt *und* verschwitzt ankam. Nicht zum ersten Mal fragte ich mich, warum ich mir das alle vier Wochen antat, und nicht zum ersten Mal fand ich die Antwort. Routine hat etwas Angenehmes, und es hat etwas Befreiendes, mit jemandem eine Stunde lang zu reden in dem

Wissen, dass man sich nicht verstellen muss, weil nicht geurteilt wird. Außerdem ist ihr Büro klimatisiert ...

Zu Anfang war das natürlich nicht so (wobei das Büro *immer* klimatisiert war), doch Mrs Pritchett hatte über die Jahre mein Vertrauen erworben und mich nie enttäuscht. Deshalb hatte ich ihr den dicken Packen Blätter gegeben, den sie mein »Buch« nannte – ich gebe gern zu, dass mir ein kleiner Schauer über den Rücken lief, als sie das sagte –, weil ich wusste, dass sie es lesen würde und dass nichts drinstand, das ihr nicht schon in weiten Teilen bekannt war.

»Ich dachte mir, dass Sie Spaß daran haben«, erwiderte ich.

Mrs Pritchett nahm diesen fetten Papierstapel von ihrem Schreibtisch und blätterte darin herum. Ich schaute mich im Büro um, ob sich etwas verändert hatte – das ist so ein kleines Spiel, das ich spiele –, doch an den Wänden hingen immer noch dieselben gerahmten Zertifikate, und auf dem Schreibtisch stand immer noch dasselbe Foto ihrer Tochter. Es war so ausgerichtet, dass sowohl sie es sehen konnte als auch jeder, der auf meiner Seite des Tisches saß. Das gefiel mir. Es gab mir das Gefühl, ein ganz klein wenig in ihre Familie einbezogen zu werden, so wie ich sie in meine einbezog.

»Es ist großartig«, lobte sie. »Du solltest es veröffentlichen.«

»Oh nein«, entgegnete ich (ein pathetischer Versuch in Bescheidenheit). *Oh JA!*, rief ich insgeheim.

»Man merkt, dass du viel Fantasie hast.«

»Das haben meine Englischlehrer auch schon festgestellt«, erwiderte ich. »Offenbar wird im Lehrerzimmer begeistert darüber gesprochen, was nur beweist, dass sie mehr rausgehen sollten ...« Ich hielt inne, während mein Gehirn das Ergebnis der Verarbeitung ihrer Worte ablieferte. »Moment. Was meinen Sie damit?«

Mrs Pritchett legte den Stapel auf den Tisch zurück. In einem Sonnenstrahl vom Fenster hinter ihr hing eine kleine Staubwolke. Die Staubkörnchen tanzten. Sie lehnte sich auf ihrem Stuhl zurück und bildete mit den Fingern eine Raute.

»Ich meine, dass du dir ein paar ... Freiheiten bezüglich der Wahrheit herausgenommen hast.«

Ich wies auf die Blätter. »Neunundneunzig Prozent davon sind reine Tatsachen.« Ich glaube, in meiner Stimme schwang ein beleidigter Unterton mit. Ich hoffe es, denn ich empfand es als Beleidigung.

»Ich bin nicht Lehrerin an deiner Schule, Rob.«

Ich wedelte mit der Hand. »Ach, kommen Sie. Diese Figur spielt nur eine kleine Rolle in der Geschichte, und ich habe sie nur eingebaut, damit ein bisschen Spaß hineinkommt. Wie gesagt, ich dachte, Sie würden sich *freuen*, wenn Sie darin vorkommen.«

»Du hättest mich ohne Weiteres hineinnehmen können. Wie lang kommst du schon zu mir, Rob ... vier Jahre? Aber kein Wort davon in diesem Buch.«

»Unsere Treffen sind nicht besonders spannend, Mrs Pritchett. Tut mir leid, wenn ich Ihnen das so sagen muss.« Ich wusste, dass ich pampig war, aber sie machte meine Aufzeichnungen nieder. Nicht offen, das nicht, aber ich empfand es so.

»Das stimmt«, gab sie zu. Es ärgerte mich, dass ihr Tonfall keine emotionale Reaktion auf meine Bemerkung verriet, vor allem, da ich es darauf angelegt hatte. »Aber ich finde es interessant, dass ausgerechnet deine fiktive Lehrerin dich vor Daniel Smith beschützt.«

»Es ist nicht *interessant*. Es soll lustig sein.«

Sie ignorierte mich.

»Eine Lehrerin mit Superkräften, immer zur Stelle, um dich zu beschützen.«

Ich schnaubte. »Kommen Sie, Mrs Pritchett. Ich meine, also echt! Schon mal was von Humor gehört? Hallo?«

Wieder ignorierte sie mich. »Das wäre in der realen Welt ganz nützlich gewesen, was, Rob? Denn wie du mir bei vielen Gelegenheiten erzählt hast, *gab* es niemanden an der Schule, der dich hätte beschützen können. Außer Andrew, und er konnte nicht immer in deiner Nähe sein.« Ich wollte sie unterbrechen, doch sie ließ es nicht zu. »Und eine ganze Menge andere, die dir in der Schule Kummer bereiteten, tauchen in deiner

Geschichte gar nicht auf. Alles ballt sich in der einen Figur des Daniel Smith.«

»*So* viele andere waren das gar nicht ...«

»Soll ich in meine Unterlagen schauen, Rob?«

Ich erwiderte nichts darauf und versuchte, gleichmäßig zu atmen. Ich weiß, was ich sagen wollte – dass keines der Zertifikate an den Wänden sie als diplomierte Psychiaterin auswies. Aber das würde nicht funktionieren. Mrs Pritchett wollte gewisse Dinge loswerden, und ich konnte sie durch nichts davon abbringen – es sei denn, ich ging. Es war irgendwie ironisch. Normalerweise bin ich derjenige, der redet, und sie ist diejenige, die zuhört. Unsere Rollen schienen vertauscht zu sein und das war möglicherweise ... interessant.

»Was sonst stimmt nicht in meiner Geschichte?«, fragte ich, nachdem ich mich etwas beruhigt hatte. »Na los. Sie reden und ich höre zu.«

Das entlockte ihr ein kleines Lächeln.

»Okay. Ich glaube Folgendes: Ich glaube, du hast deine Geschichte mit deinem typischen Humor und deiner Liebenswürdigkeit erzählt, aber gewisse Dinge geopfert, um eine idealisierte Version deiner Welt zu präsentieren. Du hast recht. Die Figur der Miss Pritchett ist ein kleines Beispiel. Aber wie sieht es mit deinem Großvater aus? In deiner Erzählung hatte er nie größere Probleme damit, dass du trans bist, aber das stimmt nicht.« Sie erhob sich und stellte sich mit dem

Rücken zu mir ans Fenster. Ich würde gern sagen, dass sie auf einen Teil der Stadt oder einen Park mit Joggern und Eltern, die Kinderwagen schieben, schaute. Doch ihr bot sich lediglich ein Blick auf eine verfärbte Backsteinmauer und ein Stück von einem Parkplatz voller Schlaglöcher. »Aber die massivste ... *Umarbeitung* der Wirklichkeit hast du bei der Darstellung deines Vaters vorgenommen. In der Geschichte ist er immer verständnisvoll und unterstützt dich. Es stimmt, ganz am Ende gab es Hinweise darauf, dass er Probleme mit deiner Geschlechtsidentität hat – das Kapitel mit der Preisverleihung in der Schule ist das beste Beispiel dafür –, doch im Großen und Ganzen vermittelst du den Eindruck eines harmonischen Familienlebens voll bedingungsloser Liebe und Unterstützung.«

Sie drehte sich zu mir um. Der Sonnenstrahl war inzwischen verschwunden – keine Ahnung, wie er bei dem Blick vom Bürofenster überhaupt hatte hereindringen können. Vielleicht war es eine Spiegelung in einer Windschutzscheibe. »Ich kritisiere dich nicht, Rob. Ganz ehrlich, ich finde dein Buch wunderbar. Es hat mich zu Tränen gerührt. Aber ich habe auch eine berufliche Verantwortung und mache mir Sorgen, dass du versuchst, dir eine Welt zu erschaffen, in der du gern leben würdest, anstatt dich der zu stellen, in der du nun einmal lebst. Vergiss nicht, ich habe dich zumindest auf einem Stück deines Wegs begleitet und weiß um die massiven Hürden, die du nehmen musstest. Und immer noch nehmen musst.«

Ich saß lange schweigend auf meinem Stuhl. Es war wichtig, dass ich meine Antwort sorgfältig und rational formulierte, besonders da Gefühle hochblubberten und mich zu überwältigen drohten. In letzter Zeit genügte schon die Erwähnung von Großvaters Name, damit das passierte. Aber ich war verwundet. Also versuchte ich, die Dinge von Mrs Pritchetts Standpunkt aus zu sehen, und das ließ mich ruhiger werden. Ich verstand, weshalb einiges in meinem Buch ihr Sorge bereitete. Und das war wieder Ironie. Wir hatten oft darüber gesprochen, wie meine Fähigkeit – meine Entschlossenheit, wie Mrs Pritchett es nannte –, immer auch den Standpunkt meines Gegenübers zu sehen, gut und gleichzeitig schlecht war. Sie hatte durchblicken lassen, dass mein Mitgefühl mich zuweilen dazu brachte, das Unverzeihliche verzeihen zu wollen. Ich glaubte, es machte mich zu einem netten Menschen.

Mrs Pritchett gab mir eine Handvoll Papiertaschentücher. Ich hatte nicht gemerkt, dass ich weinte. Also schnaubte und schniefte ich und war einfach ein paar Minuten lang ekelerregend. Aber es half. Meine Stimme zitterte nur ganz leicht, als ich weiterredete.

»Danke.« Ich warf ein großes, nasses Bündel Taschentücher in den Papierkorb und schniefte ein letztes Mal ekelerregend. »Ich versuche mal, es zu erklären. Zuerst die anderen Kids und Daniel Smith. Ich habe Ihnen von Drohungen an der Schule erzählt, weil … Na ja, sie haben natürlich wehgetan. Aber ich habe auch oft gesagt, dass das nicht die ganze Geschichte ist.« Ich strich mir eine Haarsträhne hinters Ohr. »Sie denken vielleicht, in der Milltown High gäbe es nur Schlägertypen voller Vorurteile, aber so ist es nicht. Wirklich nicht. Klar, einige Kids bereiteten mir Kummer, wie Sie es ausdrückten, aber die meisten nicht. Sie haben mich *akzeptiert*. Mich *unterstützt*.« Ich wies auf das Foto auf dem Schreibtisch. »Sie haben eine Tochter in meinem Alter, Mrs Pritchett. Ich weiß nicht, ob sie viel mit Ihnen redet. Ich kann mir nicht vorstellen, dass Sie mit ihr dasselbe machen wie mit mir.« Sie lächelte, sagte jedoch nichts. »Kids in unserem Alter sind, glaube ich, bei bestimmten Dingen toleranter als ältere Generationen. Die meisten kümmert es ganz einfach nicht. Vorausgesetzt du tust niemandem etwas, reagieren sie cool auf deine Hautfarbe, deine Sexualität, deine Figur oder die Art und Weise, wie du dich kleidest.« Mrs Pritchett legte einen Finger auf die Lippen, als dächte sie über das Gesagte nach. Also fuhr ich fort: »Klar, einige Kids nehmen das alles wichtig – die Schläger, die Fieslinge und Widerlinge. Aber glauben Sie mir, sie sind in der Minderheit, und sie würden jeden blöd anmachen, den sie für anders halten, egal wen. Fragen Sie Ihre Tochter, ich glaube, sie würde mir zustimmen.«

Mrs Pritchett setzte sich wieder. Sie hatte ganz offensichtlich wieder in den Zuhörer-Modus umgeschaltet, da eine Pause von zehn oder fünfzehn Sekunden entstand und sie anscheinend keine Eile hatte, sie zu beenden.

»Großvater«, sagte ich schließlich. »Ach ja, Großvater.« Ich nahm mir noch ein Taschentuch, um gewappnet zu sein. Ich wies auf das Manuskript. »Alles, was über Pop da drinsteht, stimmt. *Alles.* Sicher, als ich es ihm vor etwa drei Jahren gesagt habe, hatte er seine Schwierigkeiten damit, aber wer hatte die nicht? Ich weiß noch, wie er zu mir sagte: ›Aber Roberta, warum möchtest du ein Junge sein? Aus Jungen werden Männer und Männer sind verknorkte Idioten. Es waren Männer, die die ganzen verknorkten Kriege in der Vergangenheit angezettelt haben. Die Männer sind es, die ihre Frauen verknorkt noch mal verletzen. Wenn ich könnte, wäre ich eine Frau, weil Männer der verknorkte Abschaum der Erde sind.‹« Ich rieb mir mit dem Taschentuch über die Nase. Wenn es so weiterging, würde ich am Ende dieser Stunde ein gutes Double für Rudolph abgeben. Leider hatte ich mein Rentiergeweih zu Hause gelassen.

»Und was hast du darauf geantwortet?« Ich muss meinen Erinnerungen nachgehangen und länger geschwiegen haben, als mir bewusst war, denn normalerweise muss Mrs Pritchett mich nicht aufrütteln.

»Ich sagte: ›Genau darum geht's, Großvater. *Wenn ich könnte*. Aber du kannst genauso wenig eine Frau sein wie ich. Es geht nicht darum, ob ich ein Junge sein will oder nicht. Ich habe keine Wahl. Ich *bin* ein Junge.«

»Hat er es verstanden?«

»Nicht wirklich. Nicht ganz. Aber wissen Sie, was viel wichtiger ist, Mrs Pritchett? Er hat's versucht. Er hat sich so angestrengt. Und er hat mich akzeptiert und mich geliebt für den, der ich war, und für das, was ich war.« Ich legte meine Hand auf den Papierstapel. »*Das* ist hoffentlich da drin.«

Sie nickte. »Und dein Vater?«

»Oh, Dad.« Ich lachte. »Es war ihm *so* peinlich am Abend der Preisverleihung. Er kam in dieser Nacht sturzbetrunken nach Hause und hat vier Tage nicht mit mir geredet. Aber davor war er normalerweise okay – vorausgesetzt meine Transsexualität wurde nicht angesprochen oder, noch schlimmer, gar diskutiert. Mum nannte ihn den dicken Vogel Strauß. Den golfenden Strauß mit dem Kopf in einem Sandloch, der der Welt seinen Hintern entgegenstreckt.«

Mrs Pritchett lächelte. »Aber offen zu dir gestanden hat er nicht.«

»Ach, Mrs Pritchett, Sie wollen, dass alle perfekt sind.«

»Manchmal denke ich, ich würde gern erleben, dass

du dich wie ein Dreizehnjähriger benimmst. Du bist viel zu reif für ein Kind in deinem Alter.«

»Einigen Leuten kann man es nie recht machen«, erwiderte ich, »… deshalb scheiß drauf.«

»Glaubst du, Transsexuelle werden schneller erwachsen?«, fragte sie. Es steckte echte Neugier dahinter.

Ich überlegte, denn es war mir noch nie in den Sinn gekommen.

»Ich glaube ja«, antwortete ich schließlich. »Wir müssen uns mit Dingen auseinandersetzen, die für andere kein Thema sind. Wie Sie gesagt haben: Ich habe gekämpft, um dahin zu kommen, wo ich jetzt bin. Viel Leid und Schmerz, die sich die meisten Leute gar nicht vorstellen können. Und wahrscheinlich kommt noch mehr.« Ich wies auf sie. »Aber Sie wissen es wahrscheinlich besser als ich. Sie sind die Expertin. Was glauben Sie?«

»Ich glaube, dass ich nicht trans bin.«

Darüber musste ich lachen. »Okay. Vorhin dachten Sie, mein Buch sei… Wie haben Sie es ausgedrückt? Eine idealisierte Welt. Etwas in der Richtung, dass ich mir eine Welt zusammenschreibe, von der ich *wünschte*, sie würde existieren, die es aber nicht gibt, nicht wirklich. Das stimmt nicht, Mrs Pritchett. Es gibt sie. Ich glaube, die Menschen sind gut und freundlich. Im Allgemeinen. Sicher gibt es auch böse Menschen. Wen wundert's. Aber ich wollte nicht über böse Menschen schreiben, zum Teil, weil ich mich dazu entschlossen habe, zum Teil weil sie auf der falschen Seite der Menschheitsgeschichte stehen, aber hauptsächlich, weil ich mich in meiner Haut wohl fühle. Ich fühle mich *normal*. Vielleicht ändert sich das irgendwann, aber im Moment fühle ich mich normal.«

Wir schauten uns ein paar Augenblicke lang an, dann zog Mrs Pritchett rasch ein Taschentuch aus der Box und betupfte sich damit die Augen.

»Mach, dass du hier rauskommst, Rob. Du hast deine Stunde überzogen und bist hier nicht mehr willkommen.« Doch sie lächelte dabei.

Der Fußmarsch zur Bushaltestelle war ungeheuer anstrengend, vor allem da die Hitze alles Leben aus mir herauszusaugen versuchte. Wer konnte, blieb in klimatisierten Autos oder Gebäuden. Wir Fußgänger schleppten uns dahin wie lebendige Tote.

Ich hatte meine Ohrstöpsel in den Ohren und mein Handy steckte in meiner Hosentasche. Schweißbäche liefen mir über die Stirn.

Aber ich fühlte mich gut, wie ich im Takt eines Liedes ging, das nur ich hören konnte.

DANKSAGUNGEN

Von Herzen danken möchte ich allen, die mit mir über ihre Erfahrungen als Transsexuelle gesprochen haben. Sehr dankbar bin ich für die freimütigen Antworten von Stephanie Spillett, einer ehemaligen Schülerin von mir, die viel Zeit darauf verwendete, meine zum Teil sehr persönlichen Fragen über Genderdysphorie und ihre Erfahrungen in der Grund- und weiterführenden Schule zu beantworten. Ira Racines, auch eine ehemalige Schülerin von mir und heute ein prominentes Mitglied der LGBTQI+-Community in Darwin, die gelegentlich mit transsexuellen Jugendlichen arbeitet, hat das Manuskript gelesen und viele konstruktive Kommentare dazu abgegeben, die sowohl mein Denken als auch mein Schreiben beeinflusst haben. Ich hatte auch eine erhellende Unterhaltung mit Daniel Alderman, der in Darwin eng mit Transsexuellen zusammenarbeitet und viele einfühlsame Kommentare zur Darstellung transsexueller Menschen abgab. Lucy Gunner, eine führende Organisatorin des Pride Festivals im Top End, hat das Manuskript gleich zweimal gelesen, was weit über jegliches Pflichtbewusstsein hinausgeht. Einige Dialoge in diesem Buch habe ich ungeniert von ihr übernommen und ich bin dankbar für ihre Ratschläge, ihren Humor und ihre Klugheit. Ich danke auch meiner guten Freundin und ausgezeichneten Englischlehrerin Cathy Hood, die die endgültige Fassung gelesen und wertvolle Erkenntnisse an mich weitergegeben hat.

Selbstverständlich liegen alle Irrtümer, ungeschickte oder unsensible Formulierungen, die sich noch auf diesen Seiten finden, allein in meiner Verantwortung.

Scot Gardner, Ausnahme-Autor und guter Freund, hat die erste Fassung von *Was so in mir steckt* gelesen und seine wie immer einfühlsamen und konstruktiven Bemerkungen dazu gemacht. Ein anderer wunderbarer Autor, Michael Gerard Bauer, hat freundlicherweise die (fast) endgültige Fassung gelesen und war so wohlwollend, sie sehr zu loben. Ich danke beiden, dass sie meine Arbeit als Schriftsteller immer unterstützt haben und sich mit mir freuten, wenn ich Erfolg hatte. Meine Verlegerin, Jodie Webster, war vom Anfang meiner Schriftstellerkarriere an meiner Seite und hat immer unerschütterlich an mich geglaubt. Leser haben oft keine Vorstellung davon, wie wichtig eine Lektorin oder ein

Lektor bei der Entstehung eines Buches ist und wie viel Zeit sie oder er investiert, um das Optimale herauszuholen. Meine Lektorin, Kate Whitfield, hat dieses Buch mit der ihr üblichen Sorgfalt und viel Einfühlungsvermögen lektoriert, und ich danke ihr für die harte Arbeit. Mein Dank geht auch an Carey Schroeter und Angela Namoi, die meine Bücher auf den internationalen Markt gebracht haben.

Das Zitat auf einer der ersten Seiten wird gemeinhin Oscar Wilde zugeschrieben, aber ich bin mir bewusst, dass diese Zuschreibung zweifelhaft ist. Doch Wilde hielt den Geist des Satzes, von wem immer er stammt, für passend, und Wilde wiederum passt zum Geist dieses Buches.

Schließlich hat mich meine Familie wie immer in außergewöhnlicher Weise unterstützt. Danke, Laura und Brendan und weitläufigere Verwandte, die mich aus der Ferne angespornt haben.

Meine Frau Nita, nun ja, sie lässt mir nicht nur die Zeit zum Schreiben und ermutigt mich, sondern ist auch meine erste Leserin, deren Urteil ich vertraue und immer vertraut habe. Ich glaube, ohne ihren Glauben an mich und ihre Unterstützung könnte ich nicht schreiben. Und natürlich hilft es, dass sie ein Lied singt, das nur ich hören kann.

Autor

Barry Jonsberg ist einer der renommiertesten australischen Kinder- und Jugendbuchautoren. Er studierte Englisch und Psychologie und arbeitete als Lehrer, bevor er freiberuflicher Schriftsteller wurde. Seine Bücher wurden mit zahlreichen Preisen ausgezeichnet, u. a. mit dem Children's Peace Literature Award für »Das Blubbern von Glück«, und sind außer in Australien und Deutschland in den USA, England, Frankreich, Polen, China, Ungarn und Brasilien erschienen. Barry Jonsberg lebt mit seiner Frau, seinen Kindern und zwei Hunden in Darwin, Australien.

Von Barry Jonsberg sind bei cbj erschienen:
Pandora Stone – Heute beginnt das Ende der Welt (31104)
Pandora Stone – Gestern ist noch nicht vorbei (31105)
Pandora Stone – Morgen kommt vielleicht nie mehr (31106)
Das ist kein Spiel (31326)
Das Blubbern von Glück (31089)
Flieg, so hoch du kannst (30964)

Übersetzerin

Ursula Höfker arbeitete nach Schule und Studium der Angewandten Sprachwissenschaften in verschiedenen Buch- und Zeitschriftenverlagen, bevor sie sich nach einem kurzen Abstecher in die USA in ihrem Heimatdorf als freiberufliche Übersetzerin selbständig machte. Seither lebt sie mit Mann und Hund in Süddeutschland und träumt von ihrem alten Häuschen in der Toskana, das sie viel zu selten sieht.

Mehr über cbj auf Instagram unter @hey_reader

Barry Jonsberg
Flieg, so hoch du kannst

256 Seiten, ISBN 978-3-570-30964-3

Als ob Holly nicht schon genug Probleme hätte ... Jetzt zieht auch
noch Tante Fern mit ihrer Tochter Cassie bei ihnen ein. Cassie leidet
an Zerebralparese, sie kann nicht sprechen und sitzt im Rollstuhl.
Holly ist genervt. Doch nach und nach entdeckt Holly, dass hinter
Cassies Behinderung ein wunderbarer, kluger und einfühlsamer
Mensch steckt, der sie als einziger richtig zu verstehen scheint.
Der Beginn einer außergewöhnlichen Freundschaft.

www.cbj-verlag.de